《神华集团煤炭生产安全经济激励机制优化研究》课题
神华科技创新项目(编号:SHGF-12-72)

煤炭企业安全生产经济激励机制理论与案例

钱永坤 王 晖 徐建博 罗 鹏 宋 研 著

中国矿业大学出版社

图书在版编目(CIP)数据

煤炭企业安全生产经济激励机制理论与案例 / 钱永坤等著. —徐州:中国矿业大学出版社,2016.12

ISBN 978-7-5646-3110-9

Ⅰ. ①煤… Ⅱ. ①钱… Ⅲ. ①煤炭企业—安全生产—生产管理—激励—研究 Ⅳ. ①F407.216

中国版本图书馆 CIP 数据核字(2016)第 105569 号

书　　名　煤炭企业安全生产经济激励机制理论与案例
著　　者　钱永坤　王　晖　徐建博　罗　鹏　宋　妍
责任编辑　姜　华
出版发行　中国矿业大学出版社有限责任公司
　　　　　　(江苏省徐州市解放南路　邮编 221008)
网　　址　http://www.cumtp.com
E - mail　cumtpvip@cumtp.com
印　　刷　江苏淮阴新华印刷厂
开　　本　890×1240 1/32　**印张** 5.625　**字数** 150 千字
版次印次　2016 年 12 月第 1 版　2016 年 12 月第 1 次印刷
定　　价　30.00 元

引　言

经过多年不懈努力，神华集团煤炭生产安全水平已经处于国际先进水平。从安全管理角度看，通过健全分级管理、分线负责的“横向到边、纵向到底”的安全管理网络，明确界定和划分了各级安全监管机构、业务主管部门的安全生产工作职责。借助于推进风险预控管理体系建设，落实了企业生产主体责任，有力地推动了集团公司安全生产工作的健康发展。

无论是强化安全生产责任还是大力推进风险预控管理体系建设，主要工作都是由人来完成，需要调动各级管理干部和职工安全生产积极性。经济杠杆是调动安全生产积极性主要手段之一。长期以来集团上下一直在探索使用经济手段，理顺经济利益关系，调动单位或个人安全生产积极性，减少不安全行为发生。经过多年摸索，集团形成分别针对分公司和煤矿经营班子、针对员工的两套安全经济激励办法。不过目前安全激励办法基本上是煤矿管理者凭借自身经验建立逐步起来的，大多缺乏理论指导，没有进行过系统设计，运行质量存在提高空间。

《神华集团煤炭生产安全经济激励机制优化研究》课题(合同编号:神华股合2013年8号)的课题组进行了两次规模较大调研。第一次是2013年3月18日至4月22日对乌海公司、宁煤公司、神东公司、准能公司和大雁公司等4个公司下属利民矿、平沟矿、白芨沟矿、梅花井矿、金能公司、上湾矿、补连塔矿、柳塔矿、黑岱沟矿、哈尔乌素矿、大雁第一煤矿、雁南煤矿等12个煤矿进行了现场调研。第二次是2014年4月对准能公司和神宁公司的调研。

调研主要步骤是:(1) 听取分公司安全、人力资源、企业管理、财务等部门领导关于安全经济激励办法实施情况汇报;(2) 听取矿安全、人力资源、财务部门领导关于安全经济激励办法相关汇报;(3) 深入采掘区队,与区队领导和班组长座谈安全经济激励办法相关情况;(4) 召开一线工人安全生产座谈会;(5) 部分煤矿下井了解生产和安全管理现状;(6) 主要职能科室收集安全管理或安全经济激励办法文件和相关资料;(7) 安全科、人力资源部收集违章处罚、工资和人事档案相关数据。通过现场调研、材料分析和相关数据定量计算,对神华集团煤矿安全经济激励办法及运行状况有了系统和深入的认识。

课题组在现代经济学理论指导下,吸收国内外先进经验,通过调查和系统研究,完成8个专题报告。本书在研究报告基础上完成。

目　　录

第1章 国内外煤炭企业安全奖励办法概述

1.1 国内煤炭企业安全奖励办法演变过程

安全奖励制度在煤炭行业已有较长历史。改革开放前,即使受到各种“左”的思想干扰和国家对工资实行计划管理,安全奖也被煤炭企业作为提高安全水平的重要手段广泛使用,不断深化发展。

据《淄博矿务局志》介绍,1950 年淄博矿务局开始建立安全奖惩制度。西河矿规定:对安全生产作出突出成绩者,颁发生产红旗,并给予物质奖励;对重大事故责任者,由矿管理委员会视情节轻重给予警告、记过、降级、降薪或开除处分。1954 年,淄博矿务局制定《安全生产奖励办法》,规定采掘奖金率为单位月标准工资的 6%～7%,机电为 4%～5%,运搬、修护为 3%～4%;规定安全运转累进奖,以年为计奖周期,各运转工人按照岗位主次和责任大小分三类:一类奖金累进率 3%～28.6%,二类 2.5%～24.14%,三类 2%～

20.4%。计奖周期满后，仍保持安全运转者，拿最高奖金率；发生机电事故，当月奖取消，次月重新由低向高累进。1960 年 7 月，淄博矿务局取消上述奖励，改为计时工资加综合奖励。1963 年，安全生产奖、安全运转累进奖、正规循环作业奖恢复，其他奖励取消。①

据《开滦煤矿志》介绍，1953 年开滦矿务局开始实行井下安全生产奖。1953 年 1 月，以矿为单位开展 50 万 t 安全生产竞赛。竞赛标准是生产 50 万 t 原煤不发生死亡，轻伤减少 30%，重伤减少 50%，各工种工人懂规程、会操作、掌握机械设备性能；达到竞赛标准者获得奖励。1955 年，开滦矿务局开始实行安全与生产相结合的安全任务奖，做到有奖有罚。1968 年 6 月，“文化大革命”开始后奖励制度取消。②

改革开放后，煤炭行业逐渐恢复安全奖，各单位的开展形式更加多种多样。下面是我们收集的一些例子：

1980 年初，开滦开展百万吨无死亡安全生产竞赛活动，以矿为单位进行评比，达到竞赛标准，奖励井下工人每人 10 元，地面科室每人 5 元③。

1982 年初，山东潍坊市五井煤矿有限公司采掘单位在计件单位浮动工资制办法中规定：在保证完成作业计划的情况下，如安全生产无事故，计件工资的基本单价提高 3%；如违章，发生轻伤一人次，扣除事故所在班组当月超额工资的 20%；发生重伤一人次或发生直接经济损失价值 300 元以上设备事故，减发全队超产

① 淄博矿务局志编纂委员会：《淄博矿务局志》，煤炭工业出版社 1993 年版，第 321,533 页。

② 开滦矿务局史志办公室：《开滦煤矿志》（第二卷），新华出版社 1995 年版，第 503-504,511 页；《开滦煤矿志》（第三卷），新华出版社 1995 年版，第 413-419 页。

③ 开滦矿务局史志办公室：《开滦煤矿志》（第二卷），新华出版社 1995 年版，第 512 页。

加价部分的 50%；发生死亡事故，超产加价部分全部取消[①]。

1982 年，安徽宣城县周王乡煤矿实行安全奖制度。生产排在一个月内无工伤事故，每人发 6 元安全奖；如有两人受伤，不论轻重，全排没有安全奖[②]。

1983 年，徐州矿务局从吨煤奖中每吨提取 5 分钱，与安全承包搞得不好的单位罚款合在一起，作为奖励基金，对先进单位和个人进行奖励，对发生死亡事故单位进行罚款[③]。

1983 年，河北井陉矿务局把安全作为矿级领导干部得奖的首要条件，发生重大事故，矿级领导全部免奖；发生死亡事故，矿长、书记和主管领导免奖[④]。

1987 年，湖南嘉禾县竹山下煤矿采取矿长、安全员、值班长每月扣安全押金 20 元的方法。一年不出现死亡事故，除返回全部押金外，另发安全奖 300 元；如发生事故，不仅 20 元不能撤回，每死亡一人罚款 150 元[⑤]。

上述安全奖励办法中，使用较多的一种形式是将安全结果即发生事故与否与奖励挂钩，没有发生事故给予奖励，发生事故则给予罚款。隐藏在这种办法背后的基本思想是通过加强事后奖罚，激励人们事前采取预防措施避免事故发生，从经济利益上调动人们安全生产的自觉性。1988 年，山西晋城矿务局凤凰山矿将

---

① 孙世昌：《安全好·效益高——五井煤矿见闻》，载《劳动保护》1983 年第 10 期，第 7-8 页。

② 程良水，洪文斋：《乡办煤矿怎样搞好安全生产——安徽省宣城县周王乡煤矿安全生产调查》，载《煤矿安全》1984 年第 6 期，第 43-45 页。

③ 徐州矿务局：《搞好安全是落实经济承包的重要基础》，载《劳动保护》1985 年第 5 期，第 3-5 页。

④ 井陉矿务局：《深挖老矿潜力，提高经济效益》，载《煤炭经济研究》1983 年第 12 期，第 52-54 页。

⑤ 雷清：《努力实现矿山工作安全聚财》，载《劳动保护》1988 年第 10 期，第 24-25 页。

这种办法系统化,在矿内进行全员抵押,称为安全风险抵押办法,取得不错效果。

另一种效果较好的办法是类似于潍坊市五井煤矿有限公司于1982年初在采掘单位采取的安全奖励办法。该办法除了将安全结果与奖罚挂钩外,还将事故大小与超额计件工资挂钩。隐藏在这种办法背后的基本思想是通过将安全与超额计件工资挂钩,试图在安全与生产之间形成一种平衡,抑制人们不顾安全、盲目增加产量的倾向,实现安全生产。1988年,淄博矿务局推行转变班长职能的班组安全管理体制改革,也是试图从经济利益上理顺安全与生产的关系,与五井煤矿有限公司的思路异曲同工。淄博矿务局调查发现,虽然规定班长既抓安全又抓生产,但实际上,班长的绝大部分精力是抓产量、进尺,安全责任制没有落实到班组;而真正24小时盯在现场的是班长,他们是能否搞好安全生产的最重要环节。所以要做到安全工作环环有人管,从管理体制上保证安全生产,必须转变班长职能。通过规定班长只负责安全管理,副班长负责生产,班长工资与本班产量脱钩,与安全质量挂钩,班长职能转变收到了显著效果。原国务委员邹家华指示,这个办法"值得推广,不但在统配煤矿推广,在地方矿、乡镇矿都值得推广"①。1989年前后,肥城、晋城等矿务局在处理安全与生产关系上也迈出一步,实行安全质量结构工资制,从工人计件工资总额中拿出一部分,与死亡、重伤、轻伤、"三违"、工程质量等挂钩,较大程度上理顺安全与生产的关系,促进了安全生产②。

伴随着煤炭企业在安全奖励制度上的不断创新,政府部门也

① 淄博矿务局办公室:《转变班长职能,实现安全生产》,载《煤炭经济研究》1990年第6期,第33-34页。

② 肥城矿务局:《肥城矿务局安全生产的新路子》,载《煤炭经济研究》1993年第3期,第44页。

在不断调整有关的政策措施，鼓励煤炭企业利用经济杠杆调动职工安全生产积极性。

1984 年 10 月 16 日，煤炭工业部发出《关于在改革中加强煤矿安全工作的几项决定》。决定要求，必须在经济承包合同中明确规定安全控制指标和工程质量指标，并依此实行奖罚；对矿务局的安全考核主要以百万吨死亡率为控制指标；要求矿务局建立安全奖励基金，从吨煤包干工资额中适当提取，专作安全奖励。

煤炭部于 1986 年建立了安全生产奖惩制度，并先后颁发《关于煤矿企业安全生产奖惩制度的决定》和《关于煤矿企业安全生产奖惩制度的补充通知》。

煤炭部于 1987 年印发《关于统配煤矿安全生产奖惩的暂行规定》，对安全奖励作了明确规定，其主要内容包括：

(1) 无论单位或个人，都应根据每月分解的安全考核指标完成情况决定奖励。

(2) 煤矿企业年终实行的一次性安全生产奖惩制度，企业可采取按月考核、按月发奖、年终结算、多退少补的办法。

(3) 从吨煤工资中提一定比例工资用于安全生产奖励。

(4) 当月未完成部下达的百万吨死亡率考核指标或发生死亡事故的矿务局、矿，个人罚款标准如下：凡当月发生死亡事故，对事故直接责任者和直接领导者，停发当月一切奖金；一次发生死亡 3 人以上的重大事故，矿务局领导和机关各处室以及发生事故的领导和机关各科室职工均停发当月一切奖金；凡当月未完成部下达百万吨死亡率考核指标的矿务局、矿，除停发局、矿长的全部奖金外，还要扣罚当月标准工资 20 至 30 元，全年完成部下达的考核指标后，可以退还罚款，但不再补发停发的奖金。

1990 年 2 月，中国统配煤矿总公司召开煤炭工作会议，赵全福总工程师代表总公司要求全面推行全员安全质量风险抵押承包目标管理责任制，推广淄博矿务局转变煤矿采掘区队长职能的经验[①]。20世纪90年代初，全国逐步推广安全风险抵押办法和安全质量结构工资办法，这两项办法是目前煤炭企业在安全激励方面的主要办法。

1.2 安全生产标杆企业现行安全经济激励办法

国家煤矿安全监察局于2013年3月19日公布了全国《实现安全生产1000天以上煤矿(井工)名单》，截至2012年12月31日，有1335处煤矿(井工)连续安全生产超过1000天。根据这份名单，我们发现生产能力达到90万t及以上连续安全生产10年以上的煤矿(井工)共24处(详细名单见本章附录)，其中神华集团有海勃湾矿业有限责任公司路天煤矿、神东煤炭公司补连塔煤矿、神东煤炭公司万利一矿入选，占12.5%。

煤矿能够连续安全生产1000天以上，依靠的肯定不是运气，而是一整套行之有效的管理办法，保障安全生产持续稳定在最高水平。本节拟从这些标杆企业中选取部分企业的安全经济激励办法分别予以介绍。

1.2.1 淄博矿业集团许厂煤矿安全质量结构工资办法

淄博矿业集团有限责任公司在山东境内的6家煤矿全部连续安全生产超过1 000天，有2家煤矿超过10年，安全管理水平在国内处于领先水平。淄矿集团长期坚持使用经济激励手段抓安全，目前主要措施是对管理人员实行安全风险抵押金办法，对

---

① 中国统配煤矿总公司安监局综合处:《立足治理整顿，抓好基础建设，巩固推进安全生产稳定健康发展》，载《煤炭安全》1990年第2期，第1-5页，封3。

员工实行安全、质量、任务"四三三"安全质量结构工资办法，以及对跟班队长、班组长、安监员等关键人物实行工资量化考核制度①②。以下是淄矿集团许厂煤矿"四三三"安全质量结构工资办法的主要内容③④：

月度工资总额被分为安全、质量和任务三部分实行量化考核，其中安全占40%、质量占30%、任务占30%，月末根据每部分的考核得分情况，计算实得工资总额。

(1) 安全考核：规定考核期间消灭轻伤以上人身事故和一至三级非人身事故，无事故隐患，得40分；对出现A级、B级、C级事故隐患，出现轻伤事故、次重伤事故或三级非人身事故、重伤以上人身事故或一至二级非人身事故，制定了详尽的扣分办法；对杜绝轻伤及以上人身事故和一至三级非人身事故、无事故隐患、无安全积分达到15分人员，制定了相应的加分办法。

(2) 质量考核：规定考核期间工程质量达到矿规定标准(精品片区验收得分95分及以上)得30分；对精品片区验收得分、工程质量低劣或被上级部门停头(面)单位提出了扣分办法；并规定了精品片区验收加分标准，实现工程质量验收动态达标。

(3) 任务考核：规定考核期间完成矿下达的月度作业计划得30分；制定了各单位欠产、欠进扣分办法及超产、超进加分办法，并对井下辅助区队依据任务完成和影响生产情况进行考核。

---

① 刘汝江，秦加福：《基于集团层面的煤矿安全质量标准化体系建设与实践》，载《煤炭经济研究》2012年第4期，第90-93页。

② 张若祥，徐瑞涛：《淄矿集团构建本质安全管理体系的探索与实践》，载《煤炭经济研究》2012年第3期，第94-96页。

③ 解福利，王业超：《"四三三"结构工资制在许厂煤矿的应用与实践》，载《应用科学》2009年第6期，第104页。

④ 赵军，王俊：《妙用"四则运算"打造本安型矿井》，载《中国煤炭工业》2009年第7期，第29-30页。

该办法安全和质量工资占到实际工资的70%，任务工资成了辅助的考核条件，不仅固化了“安全第一、生产第二”的安全理念，而且运用经济杠杆强化了职工的安全意识，确保了安全生产目标的实现。

1.2.2 永城煤电集团公司陈四楼煤矿安全结构工资办法

永煤集团陈四楼煤矿于2003年开始实行安全结构工资，2005年对安全结构工资进行了改革。改革后，采掘区队安全结构工资和产量脱钩，安全结构工资多少取决于本单位安全绩效得分在竞争单位之间的排名次序，鼓励单位之间在安全生产上相互竞争；不对巷修队、机电队、运输队、通风队、皮带队、安装队、钻机队等辅助区队安全绩效得分排名，而是按照实际得分多少进行分配①②。该办法促进矿安全生产长期保持零死亡水平。

安全结构工资按矿对区队、区队对班组、班组对个人三个层次进行分配。

(1) 矿对采掘区队安全结构工资分配

在采煤、掘进、开拓三个组内部引入竞争机制。我们以采煤组2006年1月为例进行说明。采煤组包括综采队、准备队、采一队、采二队、采三队共五个区队。根据各区队当月事故、隐患、“三违”、安全管理活动表现情况进行打分。第一名区队的人均安全结构工资为600元，第二名为450元，第三名为350元，第四名为200元，第五名为150元，即第一名区队的人均安全结构工资是第五名的4倍。将当月人均安全结构工资乘以总人数，就得到当月

① 陈群忠，王华辉，陈杰：《安全管理市场化的创新应用》，载《煤矿安全》2006年第5期，第71-72页。

② 陈群忠，王华辉，陈杰：《安全目标管理中引入市场机制的创新》，载《中州煤矿》2007年第4期，第39-40页。

区队安全结构工资总额。

(2) 采掘区队对班组安全结构工资分配

区队每月给各班组安全结构工资基准分100分。月末汇总，依据最后得分及分值系数，分配安全结构工资。扣分标准是：

① 班组内发生队轻伤及以上事故，除矿处罚外，班组安全结构工资积分一律归零。

② 三级及以上非伤亡事故，安全结构工资积分归零。

③ 矿查轻微“三违”，扣班组内基准分10分；一般“三违”，扣班组内基准分20分；严重“三违”，扣班组内基准分30分。

④ 公司小分队和救护大队查出的隐患，每条扣除班组内基准分0.5分。

⑤ 公司及矿领导井下查出的隐患，每条扣除班组内基准分0.5分。

⑥ 安检科查出的隐患未及时整改反馈的，每条扣除班组内基准分2分。

⑦ 内部违章，扣班组内基准分3分(上报矿安检科的内部“三违”除外)。

⑧ 因设备故障未及时处理，造成停产3个小时以上、5个小时以下的，扣班组内基准分10分；上级领导查出失爆，扣班组内基准分30分。

⑨ 班组出现打架的，按“矿一般三违”考核班组。

⑩ 其余考核均按照生产班组对个人考核标准执行。

班组安全工资计算方法：

班组安全结构工资＝(安全工资总额/各班组安全得分总和)×班组安全得分

其中：

班组安全得分＝(100－班组当月安全扣分)×班组总人数

（3）班组内部安全结构工资分配

班组每月给每位员工安全结构工资基准分100分。月末汇总，依据最后得分及分值系数，分配安全结构工资。扣分标准是：

① 发生轻伤及以上安全事故，除矿、队内处罚外，安全结构工资积分一律归零。

② 发生三级及以上非伤亡事故，责任人安全结构工资归零，互保人、联保人扣除50分（指本班人员）。

③ 矿查轻微、一般及严重“三违”，责任人安全结构工资一律归零，互保人、联保人扣除20分。

④ 公司级隐患没有及时整改的，队内落实到班组后，由班长负责对责任人处罚5分/条（如果落实不到人，扣除班长5分/条）；对于上级领导查出的隐患，班组内安排整改而未及时整改反馈的，对责任人扣除10分/条。

⑤ 班组内出现队领导抓的“三违”，扣个人安全基准分10分。

⑥ 违反特别规定纪律（井下作业光背，上下罐笼、乘坐人车不按次序、慌乱的）被队内发现一次扣10分，经矿发现的按一般“三违”考核。

⑦ 出现打架的，按“矿一般三违”考核个人（打不还手的不处罚）。

⑧ 出勤考核：生产班每月只能休3个大班，早8点（“三八”制）只能休3个小班，否则取消安全结构工资。

个人安全工资计算方法：

个人安全工资＝（班组安全结构工资总和/班组内个人安全总分）×个人安全得分

注：

班长安全结构工资基准分为150分；

副班长安全结构工资基准分为140分；

跟班队长安全结构工资基准分为200分（安全效果随所跟班

组执行)；

验收员安全结构工资基准分为 120 分(安全效果随所跟班组执行)；

井上库房人员按队人均结算安全结构工资计入个人工资；

以上安全结构工资部分不包括罚款部分。

由以上可以看出,陈四楼煤矿安全结构工资办法与许厂煤矿有两个区别:一是区队工资总额中安全结构工资不和产量联系,单独计算。同等平均工资情况下,陈四楼煤矿采掘区队计件单价低于许厂煤矿,这样降低了区队盲目超产的积极性,有利于区队花更大精力重视安全。二是陈四楼煤矿区队安全结构工资总额和安全绩效得分绝对值之间没有直接联系,而是取决于在竞争区队之间的相对排名。两个矿安全结构工资分配办法的共同点是强调安全生产一票否决制,陈四楼煤矿规定组班或个人发生轻伤及以上事故,当月安全结构工资为零。

1.2.3　新汶矿业集团协庄煤矿安全风险抵押办法

协庄煤矿于 2012 年开始实行安全目标管理,并制定了相应的奖惩办法。该奖惩办法与安全风险抵押办法类似,我们仍称其为安全风险抵押办法,即:首先根据职工岗位安全责任和风险确定安全目标奖罚基薪,然后按月度和季度安全业绩进行奖罚。奖罚标准是:

(1) 月度奖励

月度内杜绝工伤、重大幸免事故及重大非人身事故时,按个人岗位安全目标奖惩基薪标准的 1.5 倍兑现奖励。

(2) 季度奖励

第一季度奖励个人岗位安全目标奖惩基薪标准的 100%,第二季度奖励个人岗位安全目标奖惩基薪标准的 200%,第三季度奖励个人岗位安全目标奖惩基薪标准的300%，第四季度奖励个人岗位安全目标奖惩基薪标准的400%。

(3) 矿井发生死亡事故时

事故月度矿井不奖励。

事故单位(专业)和事故责任单位(专业)及现场安监员(包括安监处区域管理人员)按个人岗位安全目标奖惩基薪标准的10倍处罚，交纳现金。

综合专业管理人员按个人岗位安全目标奖惩基薪标准的5倍处罚，交纳现金。

季度事故单位(专业)和事故责任单位(专业)季度不奖励。

(4) 生产过程中每发生1人(次)重伤、重大幸免事故及重大非人身事故时

事故单位和事故责任单位取消月度安全目标奖励。

事故单位的工区班子、事故责任单位的工区班子、事故班组的全体出勤人员、事故责任班组的全体出勤人员按个人岗位安全目标奖惩基薪标准的10倍处罚，交纳现金；责任专业相关管理人员按个人岗位安全目标奖惩基薪标准的50%处罚，交纳现金。

(5) 生产过程中每发生1人(次)轻伤事故时

事故单位的工区班子、事故责任单位的工区班子、事故直接责任者、事故主要责任者、事故班组的正副班组长及验收员(厂网点安全员)、事故责任班组的班组长及验收员(厂网点安全员)取消月度安全目标奖励。

事故直接责任者、事故主要责任者按个人岗位安全目标奖惩基薪标准的10倍处罚，交纳现金；事故单位工区班子、事故责任单位的工区班子、事故班组的班组长及验收员(厂网点安全员)、事故责任班组的班组长及验收员(厂网点安全员)按个人岗位安全目标奖惩基薪标准的5倍处罚，交纳现金；事故班组和责任班

组的出勤人员扣除本月度安全目标奖励金额的 20%。

(6) 季度安全目标扣罚标准

生产过程中出现重大幸免事故、重大非人身事故及 1 人(次)重伤时,事故单位的工区班子、事故责任单位的工区班子、事故班组的全体出勤人员、事故责任班组的全体出勤人员取消本季度安全目标奖励;责任专业相关管理人员扣除本季度安全目标奖励的 10%。

生产过程中出现 1 人(次)轻伤时,取消事故直接责任者、事故主要责任者本季度安全目标奖励,扣除单位管理人员本季度安全目标奖励的 10%。

(7) 月度考核标准

各级管理人员要完成下井、制止"三违"及停止作业指标。

采掘工出勤 18 个及以上,井下辅助工出勤 20 个及以上。

生产部室一般工作人员按法定班数考核。

单位杜绝工伤、重大幸免事故及重大非人身事故。

(8) 季度考核兑现

管理人员月度完不成指标的,季度内按月度比例进行奖励;采掘工季度内出勤达到 54 个,井下辅助工季度内出勤达到 60 个,享受季度安全目标奖励;弄虚作假者,取消安全目标月度及季度奖励,对弄虚作假的管理人员给予降职处分。

(9) 生产过程中,当月出现工亡、重大非人身事故、轻重伤事故及幸免事故时,除按文件规定进行罚款外,事故单位及事故责任单位次月必须交齐处罚金;否则,不再享受月度、季度安全目标奖励。

另外,新汶矿业集团也制定了安全风险抵押奖惩办法,除了根据发生事故与否进行奖惩外,还规定生产过程中每发生 1 人(次)重伤、重大幸免事故及重大非人身事故时,根据事故性质,对事故直接责任者和主要责任者解除劳动合同或留矿查看。

协庄煤矿安全风险抵押办法的主要特点是：重奖重罚；季度累进奖励；罚款力度大于奖励力度；发生死亡、重伤、轻伤事故时，事故直接责任者、事故主要责任者罚款金额一样；每发生1人(次)重伤、重大幸免事故及重大非人身事故时，根据事故性质，对事故直接责任者和主要责任者给予解除劳动合同或留矿察看的处分。

1.2.4 安监员经济激励办法

安全质量结构工资和安全风险抵押办法的主要作用是调动生产与管理人员的安全生产积极性、自觉性。而加强安全监管，及时发现并杜绝安全隐患和不安全行为，也是提高安全水平的重要手段。如何使用经济手段调动安监员工作积极性，许多煤炭企业对此进行了探索，取得了不少成功经验。下面介绍部分煤炭企业的经济激励办法。

(1) 新汶矿业集团鄂庄煤矿安监员经济激励办法①②(连续安全生产7 563天，接近21年，生产90万t以上煤矿安全周期排名第一)

首先，该矿根据生产区域分四个采区和辅助(机、运、通)三个专业，若干个岗位小组，相关人员进行承包。其次，对井上下所有地点按危险程度分为四级，人员按照业务能力和负责任的程度分为四级，人员类别与地点级别相匹配：Ⅰ类人员上1级岗，Ⅱ类人员上2级岗，依此类推，Ⅰ、Ⅱ、Ⅲ、Ⅳ类奖金比例为3∶2∶1.5∶1。第三，开展逐

---

① 李雪峰：《煤矿安监队伍实现自觉监察的探索与实践》，载《煤炭技术》2004年第10期，第119-120页。

② 常传强，张敏：《创新管理 实现安全生产》，载《煤炭技术》2007年第10期，第151-152页。

级聘用,从矿安监处主任工程师、副处长到每一名安监人员,按照分管采区及范围逐级聘用,采用考试、业绩考核、民主测评等形式综合评定,末位淘汰。第四,分管副处长对所管理的班组成员有奖励权,月底根据分管班组中人员的工作好坏、出勤高低等进行综合评定,提出奖励标准。第五,每名安监人员工资量化到从上班点名到下井工作全过程的每一个工序,做到干什么活拿什么钱,干多少活拿多少钱,下班后便知道自己的当班收入。

(2) 新汶矿业集团协庄煤矿安监员经济激励办法①(连续安全生产 4 353 天,接近 12 年)

从 2004 年 7 月开始,协庄煤矿将安监人员 40%的工资与查处安全隐患挂钩,60%的工资按照传统绩效考核办法进行考核评定(其中安全占 50%,质量占 10%)。与查处安全隐患挂钩工资额的计算方法是:首先,将安监处出售隐患商品的价值总额予以汇总;其次,由矿提取占总额 40%的管理费,剩余 60%作为安监人员挂钩隐患的工资收入;第三,计算安监人员个人出售隐患商品的总值占安监处单位出售隐患商品的价值总额之比,按照比例提取相应报酬。2005 年 1 月,协庄煤矿将安监人员查处安全隐患挂钩工资比例由 40%提高到了 50%。

1.3　国外煤矿工资分配形式及安全奖励办法

20 世纪初,美国煤矿工人有三分之二实行计件工资制;

① 公建祥:《煤矿绿色防灾减灾与安全生产体系的构建》,载《企业管理》2012 年第 s1 期,第 90-101 页。

1945 年,实行计件工资制的煤矿工人下降到五分之一①;目前,主要实行计时工资加奖励的分配形式②。美国煤矿工人工资分配形式由计件工资为主转向计时工资为主,主要有两个原因:一是从 20 世纪 40 年代开始,采煤机械化程度逐年提高,繁重体力劳动逐渐消除,工人劳动付出大小对产量的影响下降③,即劳动强度大小和产量多少之间联系减弱;二是从 40 年代末期开始,美国煤矿工会力量增强,为便于谈判,全国性工资合同只规定所有工人每天应该增加的工资额,不涉及单个煤矿计件工资水平。1950 年,煤矿工会与雇主签订全国烟煤工资合同(National Bituminous Coal Wage Agreement of 1950)第一次规定,包括计件工人和计时工人在内的所有工人,在 1946 年 3 月 31 日工资合同基础上,每天工资增加 4.75 美元。以后工资合同中规定了类似的每天工资增加数量。逐次增加的计时工资额累计起来,导致计时工资在工资总额中的比例越来越高,慢慢将美国煤矿实行的计件和计时混合工资分配制度转向了单一的计时工资制④。

美国煤矿工人计时加奖励工资分配形式中的奖励部分也在发生变化。据调查,实施奖励制度的煤矿 1987 年比例为

---

① Carrie Glasser: *Union Wage Policy in Bituminous Goal*. Industrial & Labor Relations Review, Jul 1948, 1(4), p609-623.

② 耿兆瑞:《美国煤矿长壁综采生产技术发展述评(五)》,载《煤》1996 年第 6 期,第 55-58 页。

③ C. L. Christenson: *Economic Redevelopment in Bituminous Coal: The Special Case of Technological Advance in United States Coal Mines*, 1930-1960. Cambridge, Mass.: Harvard University Press, 1962, p144; Peter Cappelli: *Bargaining Structure and Wage Outcomes in the British Coal Industry*. Industrial Relations, Spring 1987, 26(3).

④ C. L. Christenson: *Economic Redevelopment in Bituminous Coal: The Special Case of Technological Advance in United States Coal Mines*, 1930-1960. Cambridge, Mass.: Harvard University Press, 1962, p206.

19%[①],1998年为59%[②],2010年为69%。2010年调查显示,煤矿职工平均年薪为10万美元,平均奖金为1万美元;平均奖金占年薪比例为10%,奖金主要取决于安全、生产、利润和绩效等指标[③]。

根据2012年4月United States Government Accountability Office向美国国会提供的调查报告,美国制造业使用安全奖励办法比较普遍。安全奖励办法分两类:一是结果为依据的办法(rate-based programs),即统计的伤害率或疾病率(low rates of reported injuries or illnesses)较低就给予奖励;二是行为为依据的办法(behavior-based programs),即对工人一定行为进行奖励,例如对工人达到企业推荐的安全改进行为就给予奖励。除了这两种安全奖励办法外,有的企业还采用其他工作地点安全管理办法(workplace safety policies),例如使用违章处罚制度(demerit systems)对工人不安全行为进行处罚。奖励对象包括个人、班组、监管人员或全体工人等。United States Government Accountability Office根据2010年调查数据估计,美国15.3万家制造企业中,有11.6万家企业有安全奖励办法或其他安全管理办法(占75%)。不过,安全奖励办法没有安全管理办法使用普遍。四分之一制造企业使用安全奖励办法,大多数企业有某种安全管理办法。各种办法具体使用情况是:结果为依据的安全奖励办法占22%;行为为依据的安全奖励办法占14%;违章处罚办法占69%。许多企业各种办法都使用,使用一种以上办法

---

① Western Mine Engineering, Inc.: *US Coal Companies Increase Use of Incentive Bonus Plans*. Coal International, Mar 1998, 246(2), p73.

② W. Sprouls Mark: *Salary Survy*'98. Coal Age, May 1998, 103(5), p42-44.

③ Fiscor Steve: *Coal Industry Careers Pay Well*, Coal Age, May 2010, 115(5), p30-34.

的企业占75%。另外,大企业(员工在250人及以上)使用安全奖励办法和违章处罚办法数量是小企业(员工在50人以上)的3倍。大企业使用结果为依据的奖励办法比例是45%,小企业是12%;大企业使用行动为依据的安全奖励办法比例为40%,小企业是7%;大企业使用违章处罚办法的比例占89%,小企业占59%①。

澳大利亚、加拿大等发达国家的采煤或采矿业和美国类似,实行的也是计时加奖励的工资分配形式②。

1.4 国外对计件工资与安全生产关系的研究

2010年,中国国有重点煤矿的机械化采煤比重为91.88%,其中综采比重达88.71%③。国有重点煤矿采煤机械化程度持续提高,大幅度降低了采煤工人的劳动强度,为安全生产提供了重要保障。但是,国有重点煤矿安全水平和发达国家相比依然存在明显差

---

① United States Government Acccuntability Office: *Workplace Safety and Health, Better OSHA Guidance Needed on Safety Incentive Programs*. Report to Congressional Requesters (GAO-12-329), April 2012.

② 中国统配煤矿总公司赴加拿大劳动工资考察组:《关于加拿大煤矿劳动工资管理情况的考察报告(选登)》,载《煤炭经济研究》1991年第11期,第40-42页;中国有色金属总公司矿山安全管理与技术考察团:《加拿大、美国安全管理掠影》,载《劳动保护》1989年第2期,第46-47页;李爱琴,吴三振:《加拿大塞尔贝铜锌矿的生产管理和技术服务》,载《世界采矿快报》1990年第27期,第18-19页;李长山,冯福贤:《肯诺山矿业公司生产和安全的改进》,载《世界采矿快报》1989年第17期,第21-22页;王振平,陈安明:《澳大利亚煤矿安全管理方式》,载《煤矿安全》2009年第12期,第119-123页;隋健:《澳大利亚煤矿安全生产管理的法治化和经济化及对我国的影响》,载《中国煤炭》2008年第34卷第8期,第121-121页。

③ 国家煤矿安全监察局:《中国煤炭工业年鉴(2011)》,煤炭工业出版社2012年版,第522页。

距。2010 年,中国国有重点煤矿井工矿百万吨死亡率为 0.365[①],美国井工矿为 0.134[②],中国国有重点煤矿井工矿百万吨死亡率是美国的 2.72 倍。国有重点煤矿安全水平不高受多种因素影响,其中一个重要原因是井下一线工人工资分配办法没有随着采煤技术的改变而及时调整,依然沿用解放初期使用的计件工资加各种奖励的分配制度。计件工资制的核心是根据产量多少计算报酬高低,鼓励工人超产。毫无疑问,在这种分配制度下,"生产第一"优先于"安全第一",安全管理很难落在实处,"安全第一"无法保证。

大量研究已经证实,计件工资不利于安全生产。2010 年瑞典吕勒奥理工大学(Luleå University of Technology)的 3 位教授 Bo Johansson、Kjell Rask、Magnus Stenberg 对到 2008 年为止关于计件工资影响健康和安全的 31 篇公开发表文章进行分析,发现 27 篇文章证实计件工资对健康和安全有负面影响[③]。2012 年美国和英国的 3 位教授 Keith A. Bender、Colin P. Green、John S. Heywood 利用 2000 年和 2005 年在欧盟 31 个国家 33 051 名工人调查得到的数据进行精确计算,发现实行计件工资,工人受到

---

① 井健在《现阶段我国煤炭企业安全发展存在的问题与对策》(载《中国煤炭》2011 年第 6 期,第 94,98 页)中介绍,2010 年国有重点煤矿死亡人数比 2006 年减少 233 人;《中国煤炭工业年鉴(2006)》(煤炭工业出版社 2007 年 11 月版,第 330 页)公布 2006 年国有重点煤矿死亡人数 704 人。因此,2010 年国有重点煤矿死亡人数为 471(=704－233)人。《中国煤炭工业年鉴(2011)》(煤炭工业出版社 2012 年 12 月版,第 505 页)公布 2011 年国有重点煤矿矿井原煤产量 1 291 515 353 t。根据这两个数据计算可得 2010 年国有重点煤矿井工矿百万吨死亡率为 0.365。

② 美国 2010 年井工矿煤炭产量为 3.372 亿短吨,源自 EIA 网站 2013 年 8 月 4 日,http://www.eia.gov/totalenergy/data/annual/pdf/sec7_7.pdf;按 1 短吨等于 0.907 t 换算,3.372 亿短吨为 3.058 亿 t。美国井工矿 2010 年死亡 41 人,源自 MSHA 网站 2013 年 8 月 4 日,http://www.msha.gov/ACCINJ/accinj.htm。根据这两个数字计算可得 2010 年美国井工矿百万吨死亡率为 0.134。

③ Bo Johansson,Kjell Rask,Magnus Stenberg:*Piece Rates and Their Effects on Health and Safety-A Literature Review*. Applied Ergonomics,2010(4),p607-614.

伤害的比例将增加5%～6%①。他们认为计件工资制引起事故率增加的原因是：①实行计件工资，工人时间压力增加，激励他们提高生产速度，从而增加受到伤害的风险。②实行计件工资，工资不确定，随产量变动而变动，可能会吸引爱冒风险的工人加入，从而增加事故风险。③实行计件工资，工资主要和产量多少挂钩，和其他目标例如安全联系较弱，工人在生产过程中为了追求经济效益容易忽视其他目标，盲目追求产量，导致事故增加。

1.5 主要结论

新中国成立以来，煤炭行业采掘区队工资分配办法主要是“圆班计件、分班计量、以分计资”。这种分配办法使得一线采掘工人收入高低取决于煤炭产量或进尺，超产是增加收入的唯一途径，“安全第一”思想贯彻缺乏经济基础，无法落在实处。可喜的是，20世纪80年代末以来部分煤炭企业实行安全风险抵押办法和安全质量结构工资办法，改变了收入高低只取决于产量或进尺这一传统理念，安全与否成为决定收入高低的重要因素。在部分标杆企业的安全经济激励办法中，和安全有关的收入已经超过和产量有关的收入，“安全第一”思想在收入上得到真正体现，减少了人们盲目追求产量的动力，增加了安全生产的积极性，从经济利益上理顺了安全与生产之间的关系，这也是标杆企业安全水平保持在高水平的关键原因之一。

发达国家煤炭企业实行计时工资加奖励的分配形式，减少了工

① Keith A. Bender, Colin P. Green, John S. Heywood: *Piece Rates and Work-Place Injury: Does Survey Evidence Support Adam Smith?* Journal of Population Economics, Jan 2012, 25(2), p569-590.

人盲目增加产量的经济刺激,鼓励工人按照正规流程组织生产,大大减少了和生产有关的不安全行为,为安全生产提供了重要保证。这是发达国家煤炭企业安全水平保持较高水平的重要原因。我国不少煤矿已经意识到利用经济利益调整安全和生产关系的重要性。实行安全风险抵押和安全结构工资,除了具有抑制职工不安全行为的重要作用外,还有一个重要作用就是减少计件工资在工资总额中的比重,降低工人增加产量的激励力度,从而为安全生产提供保障。和发达国家相比,我国煤炭企业设计工资分配制度时,对安全生产已经给予了足够重视,不足的是对超产鼓励过多,抵消了对安全的激励作用,制约了安全水平的提高。如何在工资分配中处理好生产与安全之间的关系,让职工从经济上真正体会"安全第一"的好处,是未来收入分配需要解决的重要问题。

附录　安全生产十年以上煤矿名单

安全生产十年以上煤矿名单

(生产能力 90 万 t/a 及以上,截至 2012 年 12 月 31 日)

煤矿名称	企业性质	生产能力/(万 t/a)	瓦斯类型	安全生产天数/d
山东能源新汶矿业集团有限责任公司鄂庄煤矿	国有重点	90	瓦斯	7 563
神华集团海勃湾矿业有限责任公司路天煤矿	中央企业	210	瓦斯	5 350
铁法煤业(集团)有限责任公司晓南煤矿	国有重点	210	高瓦斯	5 310
莱芜市万祥矿业有限公司潘西煤矿	地方国有	95	瓦斯	4 811
山东能源淄博矿业集团有限责任公司岱庄煤矿	国有重点	300	瓦斯	4 723
中国平煤神马集团平顶山天安煤业股份有限公司十二矿	国有重点	130	突出	4 643

续表

煤矿名称	企业性质	生产能力/(万 t/a)	瓦斯等级	安全生产天数/d
中国平煤神马集团平顶山天安煤业七矿有限责任公司	国有重点	120	瓦斯	4 642
神华集团神东煤炭公司补连塔煤矿	中央企业	2 500	瓦斯	4 519
山东能源新汶矿业集团泰山能源有限责任公司协庄煤矿	国有重点	200	瓦斯	4 353
冀中能源峰峰集团梧桐庄矿	国有重点	210	瓦斯	4 263
山西高平科兴南阳煤业有限公司	地方国有	120	瓦斯	4 215
山西兰花科技创业股份有限公司望云煤矿分公司	地方国有	90	瓦斯	4 150
兖矿集团兖州煤业股份有限公司兴隆庄煤矿	国有重点	660	瓦斯	4 139
山东能源枣庄矿业集团付村煤业有限公司	国有重点	270	瓦斯	4 109
山东省七五生建煤矿	地方国有	120	瓦斯	4 061
山东能源枣庄矿业集团新安煤业有限公司	国有重点	300	瓦斯	4 017
山东新查庄矿业有限责任公司	地方国有	110	瓦斯	4 010
山东能源肥城矿业集团曹庄煤矿有限公司	国有重点	120	瓦斯	3 974
中煤集团山西中煤东坡煤业有限公司	中央企业	210	瓦斯	3 861
山东能源淄博矿业集团公司许厂煤矿	国有重点	320	瓦斯	3 852
神华集团神东煤炭公司万利一矿	中央企业	1 000	瓦斯	3 826
山东鲁泰煤业有限公司鹿洼煤矿	地方国有	120	瓦斯	3 814
山东裕隆矿业集团有限公司唐阳煤矿	地方国有	120	瓦斯	3 812
华润天能徐州煤电有限公司龙固煤矿	中央企业	110	瓦斯	3 740

资料来源：2013 年 6 月 28 日国家安全生产监督管理总局网站 http://www.chinasafety.gov.cn/newpage/Contents/Channel_6289/2013/0319/199286/content_199286.htm.

第2章 安全行为的经济激励理论

安全经济激励办法主要有安全风险抵押、安全结构工资、安全生产竞赛和“三违”查处等。本章内容为在国内外第一次应用现代经济学理论，分析每一种办法隐含的经济关系，并建立相应的理论模型，探究这四种办法的内在经济激励机制。

2.1 安全风险抵押理论

2.1.1 安全风险抵押办法

每个煤矿采用的安全风险抵押办法不完全相同，但其主要内容可以概括为：期初拿出一定数额抵押金交给矿上，抵押期内发生死亡事故，抵押金被没收；抵押期内没有发生死亡事故，返还抵押金，并按照抵押金一定倍数进行奖励。要发挥安全风险抵押办法的激励作用，关键在于如何确定奖励和抵押数额。

2.1.2 行为心理学的解释

行为心理学认为①②，特定行为会被行动结果所激励，出现正向结果将增加该行动再次发生的可能性，出现负面结果将减少行动再次发生的概率。不安全行为经常带来正向结果（例如工作轻松、工作程序减少等），不安全行为带来负面结果的可能性不大，据统计采取 300 次不安全行为，只会出现 29 次次要伤害，1 次重要伤害③；安全行为通常带来不方便、不舒服或枯燥等结果，安全行为的正向结果或者感受不到（例如维护设备的价值体现不出来），或者是太延迟，或者是不确定（例如正向结果需要安全行为一直持续下去才会出现）。没有外部干涉，不安全行为的后果往往鼓励继续采取不安全行为，安全行为的结果往往不鼓励继续采取。采用安全风险抵押办法，目的是减少不安全行为的正向结果，增加安全行为的正向结果，从而修正行为结果对行为的内在激励模式，减少不安全行为，增加安全行为，实现安全生产。

2.1.3 经济学的解释

与行为心理学不同，经济学认为人们并不是被动对外部刺激作出反应，根据事后实际发生结果进行评判，然后决定下次是否继续采取相同行为；相反，人是理性的，事前就估计行为可能带来哪些结果，根据最有利于自己的原则，事前决定应该采取什么样的行为。

从经济学角度看，安全风险抵押办法隐含的主要思想是，人们

---

① Geller E. Scott：*The Truth About Safety Incentives*. Professional Safety, Oct 1996, 41(10), p34-38.

② Dominic Cooper：*Psychology, Risk & Safety*. Professional Safety, November 2003, 48(11), p39-46.

③ Heinrich H. W.：*Industrial Accident Prevention*. 4th ed. New York：McGraw Hill, 1959.

发现监管者观察工人不安全生产行为比较困难,但是工人是否采取了不安全行为可以通过是否发生事故间接反映出来。事故是人们采取了不安全行为的信号,事故越多,说明不安全行为越多。一次不安全行为导致的事故是大事故还是小事故有其偶然性,但是原因一样,都是人们采取了不安全行为。将事故发生与否与奖惩挂钩,目的是鼓励人们事前采取安全生产行为,抑制不安全行为,达到预防事故的目的,从而形成安全生产的内在自我激励机制。下面建立经济学模型,说明这个办法的内在经济激励机制。

模型主要假设是:

(1) 企业安全生产收益为 I_1;发生安全事故收益(损失)为 I_2。

(2) 工人安全生产得到奖励为 W_1;发生安全事故上交抵押金为 W_2。

(3) 抵押期内安全生产水平即安全生产概率和工人是否重视安全密切相关,工人重视安全,安全生产概率为 p_1,发生事故概率为 $1-p_1$;另外,即使工人不重视安全,也不意味一定会发生事故,只是发生事故概率会增加,设安全生产概率为 p_2,工人不重视安全时发生事故概率为 $1-p_2$;工人重视安全时安全生产概率大于工人不重视安全时安全生产概率,即 $p_1>p_2$。

(4) 工人重视安全需要付出一定代价,例如增加安全投入、放慢工作节奏等,换算为收入相当于付出 W_0。

(5) 工人在其他行业工作得到的收入为 W。

根据上述假定,可以计算出:工人重视安全并且企业安全生产时,企业利润为安全生产收益减去支付给工人奖励,即 I_1-W_1;工人重视安全但是企业发生事故时,企业利润为发生事故收益(损失)加上工人上交抵押金,即 I_2+W_2;则企业预期利润为 $B=p_1(I_1-W_1)+(1-p_1)(I_2+W_2)$。

工人重视安全时预期收入为:

$$EW_s = p_1W_1 - (1 - p_1)W_2 - W_0$$

上式右侧第一项表示工人重视安全情况下没有发生事故时的预期奖金,第二项表示工人重视安全情况下但是发生事故时预期支付抵押金,第三项表示工人重视安全付出的代价。

工人不重视安全时预期收入为:

$$EW_f = p_2W_1 - (1 - p_2)W_2$$

在工人不重视安全情况下,安全生产概率下降,发生事故概率增加。上式右侧第一项表示工人不重视安全情况下没有发生事故时的预期奖金,第二项表示工人不重视安全情况下发生事故时预期支付抵押金。

要让工人自觉重视安全,必须满足下面两个条件:

(1) 激励约束:重视安全的好处大于等于不重视安全的好处。

$$p_1W_1 - (1 - p_1)W_2 - W_0 \geqslant p_2W_1 - (1 - p_2)W_2$$

(2) 参与约束:重视安全的好处至少要大于等于在其他行业或企业工作的好处,否则工人会跳槽到其他行业或企业。

$$p_1W_1 - (1 - p_1)W_2 - W_0 \geqslant W$$

企业追求利润最大化时工人自觉采取安全行为的激励机制问题可以表达为:

$$\text{Max } B = p_1(I_1 - W_1) + (1 - p_1)(I_2 + W_2) \tag{2-1}$$

S. t.

$$p_1W_1 - (1 - p_1)W_2 - W_0 \geqslant p_2W_1 - (1 - p_2)W_2 \tag{2-2}$$

$$p_1W_1 - (1 - p_1)W_2 - W_0 \geqslant W \tag{2-3}$$

企业设计安全风险抵押办法时需要决策的变量是安全生产奖励 W_1、发生安全事故扣除抵押金数额 W_2。

对方程组(2-1)、(2-2)、(2-3)式求解,可以得到最优解如下。

安全奖励:

$$W_1 = W + (1 - p_2)/(p_1 - p_2)W_0 \tag{2-4}$$

抵押金额:

$$W_2 = -W + p_2/(p_1 - p_2)W_0 \tag{2-5}$$

根据最优解,可得到表 2-1 所示的奖励和抵押金确定原则。

表 2-1　　奖励和抵押金确定原则

	W_0	$p_1 - p_2$	p_2	W
奖励 W_1	+	−	−	+
抵押金 W_2	+	−	+	−

(1) 重视安全付出代价 W_0 越高,安全奖励越高,抵押金越多。通常,自然地质条件不利于安全生产的煤矿重视安全付出的代价大,这类煤矿安全奖励和抵押金力度都应该大一些。

(2) 重视安全后,安全水平提高幅度 $p_1 - p_2$ 越大,安全奖励越低,抵押金越少。

(3) 不重视安全时,安全水平 p_2 越高,安全奖励越低,抵押金越多。

(4) 其他地方工资 W 越高,安全奖励越高,抵押金越少。

2.1.4　设计安全风险抵押办法时需要注意的问题

设计安全风险抵押办法时,需要确定奖罚条件、奖金与抵押金数量、考核人员范围和考核周期等。下面应用所建立的模型,可以帮助分析这些问题。

(1) 奖罚条件

安全风险抵押办法隐含的主要思想是不安全生产行为观测比较困难,但工人是否采取不安全行为可以通过是否发生事故间接反映出来。事故一旦发生,即发出人们采取了不安全行为的信号,事故越多,不安全行为便越多。一次不安全行为导致的事故是大事故还是小事故,有偶然性,但其原因都是人们采取了不安全行为。将事故发生与否与奖惩挂钩,目的是鼓励人们采取安全生产行为,抑制不安全行为。设计奖罚条件和奖罚数量时，不宜完全和事故大小挂钩，只要发生了事故，事故本身发出的信号就是工人采取了不安全行为，应当进行处罚。严格说来，死亡、重伤、轻伤和财产损失事故，都是不安全行为造成的，理应受到同样的惩罚。不过，在实际操作过程中，如果某个事故指标容易被考核对象隐瞒，例如轻伤容易被工人或其所在团队隐瞒，那么将轻伤作为事故指标，将激励工人或其所在团队隐瞒轻伤事故。所以，选择哪种事故作为奖罚条件，应该考虑考核对象是否容易隐瞒该事故，对于容易隐瞒的事故，就不应该将它们发生与否作为奖罚条件。

(2) 奖罚对等原则

由上面(2-4)式、(2-5)式或表 2-1 第 4、5 列知道，奖金和抵押金数量不相等。实际操作中经常实行奖罚对等原则，这是不正确的。对在其他行业或企业收入(W)较高的岗位，应该奖金较高、抵押金较少，例如采掘一线技术岗位工人在私人煤矿往往可以获得较高收入，对这部分人实施安全风险抵押时应该重奖少罚，鼓励他们留在国有企业并重视安全。但在实际操作中并没有体现出这一点，许多煤矿一线岗位留不住人，技术岗位工人流失严重，安全风险抵押金标准设置不合理可能是一个原因。另外，随着企业安全投入增加、管理水平提高，安全生产环境不断改善，因此即使在工人不重视安全的情况下，企业安全水平 p_2 也在不断提高，为了鼓励工人重视安全，应该适当减少安全奖励数量、增加抵押金数量。但在实际操作中经常是奖金和抵押金同时增加，这样会降低工人重视安全的积极性，减弱安全风险抵押办法的激励作用。

(3) 不应该实行全员抵押

从上面(2-4)式、(2-5)式或表 2-1 第 3 列知道，奖金或抵押金数量取决于工人增加安全投入后安全生产概率增加的数量。如果某个岗位与安全生产没有关系，则这个岗位投入劳动用于提高安全水

平时 p_1-p_2 将趋近于零，要调动这些岗位人员安全生产积极性，除非奖金和抵押金都非常大，否则这部分人员由于劳动贡献无法影响安全生产，安全上投入产出没有效果，将放弃在安全上投入。实际工作中，与安全生产联系不密切的人员的安全奖金和抵押金都是最低的，安全风险抵押对这部分人员安全生产积极性没有激励作用。因此，安全风险抵押不应该实行全员抵押，应该只对与安全有密切联系的人员应用该办法。

(4) 考核周期

考核周期由年度缩短到月度带来的问题，可以用一个例子来说明。设某矿平均 1 年死亡 1 人，在考核期为年的情况下，发生死亡概率为 100%，不发生死亡概率 p_2 为 0%；考核期由年改为月后，每月死亡概率为 8.33%(100%/12)，每月不发生死亡概率 p_2 为 91.67%。从(2-4)式、(2-5)式或表 2-1 第 4 列知道，考核周期缩短后，应该减少奖励金额并增加抵押金。原因是考核期由年度改为月度后，获奖概率增加了，使得安全奖具有"旱涝保收"性质，因此，应该减少奖金、增加抵押金，否则减少安全投入得到的期望安全奖数量也会大于以前，这将诱导人们减少安全投入，从而减少安全风险抵押办法的激励作用。实际操作过程中，考核周期由年度改为月度后，往往只是简单地将以前年度奖金和抵押金除以 12，没有相应地降低奖金、增加抵押金。这样改变的结果是，安全风险抵押金的激励作用大大降低。

2.1.5　煤矿安全水平不断提高，安全风险抵押办法如何调整？

神华集团、国有重点煤矿单个煤矿平均生产能力、百万吨死亡率及其他指标如表 2-2 所示。从表 2-2 我们知道，国有重点煤矿 1987～1989 年三年平均百万吨死亡率是 2008～2010 年三年的 5 倍，是神华集团的 156 倍。最近 20 年，国有重点煤矿安全水平大幅度提高，神华集团安全水平明显高于全国平均水平。我们假设某煤矿分别处于 1987～1989 年、2008～2010 年国有重点煤矿平均生产和安全水平、2010～2012 年神华集团煤矿平均生产和安全水平三种情况。利用表 2-2 中产量和百万吨死亡率数据，可以计算年预期死亡人数。如果年预期死亡 1 人，那么年死亡 1 人的概率是 100%；如果年预期死亡 2 人，那么年死亡 1 人的概率是 200%，依次类推，可以得到年预期死亡人数乘以 100%就是年死亡 1 人的概率。将年死亡概率除以 12 个月，就得到月死亡概率。用 100%减去月死亡概率，就是月零死亡概率。表 2-2 最后 2 行就是上述三种情况下，月均死亡 1 人概率和月均零死亡概率。我们将月均零死亡概率看成煤矿在各个时期的正常零死亡概率，即工人没有在安全方面采取特别行动时煤矿在各个时期达到的安全水平，相当于前面公式中的 p_2。以这三种情况为背景，应用安全风险抵押理论，可以模拟正常安全水平下，奖金和抵押金应该如何调整。

表 2-2　神华集团、国有重点煤矿产量及安全指标

指标	国有重点煤矿		神华集团
	1987～1989	2008～2010	2010～2012
年均产量/(万 t/处)	72.619	109.33	741.935 484
百万吨死亡率	2.46	0.49	0.015 767
年均死亡人数	1.784 29	0.535 59	0.116 98
月均死亡 1 人概率	0.148 69	0.044 63	0.009 75
月均零死亡概率(p_2)	0.851 31	0.955 37	0.990 25

数据来源：

① 中国煤炭工业协会：《中国煤炭工业统计资料汇编(1949-2009)》，煤炭工业出版社 2011 年 9 月，第 10-11，81 页。

②《中国煤炭工业年鉴(2011)》，煤炭工业出版社 2012 年 12 月，第 505 页。

为简化问题，我们假设：

(1) 工人在其他企业(例如私人煤矿)工作，每月工资为 W。

(2) 工人用于安全的时间约占工作时间 20%，这些安全投入换算为收入相当于每月 $W_0=0.2W$。

(3) 煤矿在各个时期的正常安全水平(p_2)为表 2-2 中最后一行数据。

(4) 煤矿处于不同安全水平上继续提高安全水平难度不同。安全水平越高，安全方面技术和管理漏洞越少，付出同样努力，安全水平提高幅度越小。我们考察的三种情况，安全水平由低到高顺序依次是 20 世纪 80 年代末国有重点煤矿、2010 年末国有重点煤矿和神华集团目前煤矿。因此，在工人用于安全的时间占工作时间 20% 的情况下，假设 20 世纪 80 年代末国有重点煤矿、2010 年末国有重点煤矿和神华集团目前煤矿死亡 1 人的概率将分别下降 45%、20% 和 10%。

利用假设(3)、(4)，我们可以计算在安全活动时间占工作时间 20% 的三种情况下，安全水平的提高幅度(p_1-p_2)分别是 0.066 91%、0.008 93%、0.000 97%。设定考核周期是月，将 p_1-p_2 数据和假设(1)、(2)、(3) 代入(2-4)式、(2-5)式，可以得到三种情况下奖金和抵押金的最优数量，具体结果见表 2-3。

表 2-3　　不同安全水平下奖金和抵押金最优数量

指标	国有重点煤矿		神华集团
	1987～1989	2008～2010	2010～2012
其他企业月收入(W)	W	W	W
安全投入 W_0(相当于月收入)	$0.2W$	$0.2W$	$0.2W$
安全水平(月均零死亡概率)(p_2)/%	0.851 31	0.955 37	0.990 25
安全水平提高幅度(p_1-p_2)/%	0.066 91	0.008 93	0.000 97
最优奖金(W_1)	$1.44W$	$2W$	$3W$
最优抵押金(W_2)	$1.50W$	$20.4W$	$202.2W$

从表2-3可以看到，在我们假设的情况下，20世纪80年代末国有重点煤矿实行安全风险抵押办法时，最优奖金和最优抵押金分别是月工资的1.44倍和1.5倍，基本上是奖罚对等，这和80年代末国有重点煤矿实行的安全风险抵押办法吻合。2010年末国有重点煤矿最优奖金和最优抵押金差距拉大，分别是月工资的2倍和20.4倍。神华集团目前煤矿的最优奖金和最优抵押金差距更大，分别是月工资的3倍和202.2倍。这三种情况反映的共同规律是：一方面，随着安全水平不断提高，正常情况下发生事故的概率下降，安全风险抵押的奖励概率增加；另一方面，工人在安全上付出同样劳动，安全水平提高幅度下降。随着安全水平提高，工人不用在安全上付出太多劳动也会得到奖励，付出劳动后奖励概率也不会明显增加，利益驱动会鼓励工人维持现状，在安全上不用增加投入。这意味着应加大事故处罚力度来处罚工人在安全上的偷懒行为才能吸引人们重视安全。因此，我们认为应该随着安全水平不断提高，及时调整安全风险抵押办法，加大抵押金数量，否则安全风险抵押办法将失去激励效果。目前，国有煤矿安全风险抵押办法基本沿袭80年代末期实行的办法，奖金和抵押金没有随着安全水平和工资水平相应提高，奖罚力度依然强调奖罚对等，抵押金和奖金之间差距没有拉开。其结果是，安全风险抵押金激励作用和80年代末相比明显下降。我们调查过程中，煤矿职工普遍认为能否得到安全风险抵押中的奖金，主要靠运气，和自己努力没有关系，部分干部和职工甚至认为安全风险抵押是一种福利，只对正式工实行，不包括劳务工。

2.2 安全结构工资理论

目前各个煤矿区队安全结构工资基本办法可以概括为：区队按吨煤单价和当月产量确定区队当月应得工资总额，然后将工资总额的一定比例（例如 40%）拿出来和安全生产指标挂钩，这部分工资就称为安全结构工资。挂钩办法一般是实行安全生产一票否决制，若当月发生死亡事故，扣除区队当月安全结构工资。

下面我们用现代经济学理论将这种办法重新表述①。

主要假定：

(1) 吨煤单价为 w，安全结构工资占工资总额的比例为 α，和产量挂钩比例为 $1-\alpha$。

(2) 区队工人数量在研究期间固定为 L_0，劳动力主要用于煤炭生产或安全活动，设用于煤炭生产工人数量为 L，用于安全活动工人数量为 L_s，有 $L+L_s=L_0$。

(3) 区队产量取决于劳动投入，即 $Q(L)$，有 $\mathrm{d}Q/\mathrm{d}L>0$，$\mathrm{d}^2Q/\mathrm{d}L^2<0$。

(4) 在技术条件、自然条件一定情况下，区队生产过程中发生死亡事故与否，取决于区队对安全的重视程度，或者说区队在安全上劳动投入数量 L_s，即不发生死亡事故的概率为 $p(L_s)$，有 $\mathrm{d}p/\mathrm{d}L_s>0$，$\mathrm{d}^2p/\mathrm{d}L_s^2<0$。

安全结构工资办法下，区队预期工资总额为：

$$I=(1-\alpha)wQ(L)+\alpha wp(L_s)Q(L) \tag{2-6}$$

(2-6)式右侧第一项表示在安全结构工资占工资总额的比例

---

① 宋妍、徐建博对公式证明作出了贡献。

为 α 情况下，和产量有关的工资总额；第二项表示在安全生产可能性为 $p(L_s)$ 情况下，预期的安全结构工资总额。我们假设区队追求工人收入(工资总额)最大化，约束条件为 $L + L_s = L_0$，于是将 $L = L_0 - L_s$ 带入(2-6)式，有：

$$I = (1-\alpha)wQ(L_0 - L_s) + \alpha wp(L_s)Q(L_0 - L_s)$$

工资总额 I 最大化一阶条件为：

$$\frac{dI}{dL_s} = (1-\alpha)\frac{dQ(L_0 - L_s)}{dL}\frac{d(L_0 - L_s)}{dL_s} + \alpha\frac{dp(L_s)}{dL_s}\cdot Q(L_0 - L_s) + \alpha p(L_s)\frac{dQ(L_0 - L_s)}{dL}\frac{d(L_0 - L_s)}{dL_s}$$

$$= -(1-\alpha)\frac{dQ(L_0 - L_s)}{dL} + \alpha\frac{dp(L_s)}{dL_s}Q(L_0 - L_s) - \alpha p(L_s)\frac{dQ(L_0 - L_s)}{dL} \tag{2-7}$$

下面研究安全结构工资比例 α 变动对区队安全投入 L_s 的影响。

根据(2-7)式，有：

$$F_{L_s} = -(1-\alpha)\frac{dQ^2(L_0 - L_s)}{dL^2}\frac{d(L_0 - L_s)}{dL_s} + \alpha\frac{dp^2(L_s)}{dL_s{}^2}Q(L_0 - L_s) + \alpha\frac{dp(L_s)}{dL_s}\frac{dQ(L_0 - L_s)}{dL}\frac{d(L_0 - L_s)}{dL_s} - \alpha\frac{dp(L_s)}{dL_s}\cdot\frac{dQ(L_0 - L_s)}{dL} - \alpha p(L_s)\frac{dQ^2(L_0 - L_s)}{dL^2}\frac{d(L_0 - L_s)}{dL_s}$$

$$= (1-\alpha)\frac{dQ^2(L_0 - L_s)}{dL^2} + \alpha\frac{dp^2(L_s)}{dL_s{}^2}Q(L_0 - L_s) - \alpha\frac{dp(L_s)}{dL_s}\cdot\frac{dQ(L_0 - L_s)}{dL} - \alpha\frac{dp(L_s)}{dL_s}\frac{dQ(L_0 - L_s)}{dL} + \alpha p(L_s)\frac{dQ^2(L_0 - L_s)}{dL^2}$$

$$= (1-\alpha)\frac{dQ^2(L_0 - L_s)}{dL^2} + \alpha\frac{dp^2(L_s)}{dL_s{}^2}Q(L_0 - L_s) - 2\alpha\frac{dp(L_s)}{dL_s}\cdot\frac{dQ(L_0 - L_s)}{dL} + \alpha p(L_s)\frac{dQ^2(L_0 - L_s)}{dL^2}$$

$$= \{1-[1-p(L_s)]\alpha\}\frac{dQ^2(L_0-L_s)}{dL^2}+\alpha\frac{dp^2(L_s)}{d{L_s}^2}\cdot$$

$$Q(L_0-L_s)-2\alpha\frac{dp(L_s)}{dL_s}\frac{dQ(L_0-L_s)}{dL}$$

$$F_\alpha=\frac{dQ(L_0-L_s)}{dL}+\frac{dp(L_s)}{dL_s}Q(L_0-L_s)-p(L_s)\frac{dQ(L_0-L_s)}{dL}$$

$$=[1-p(L_s)]\frac{dQ(L_0-L_s)}{dL}+\frac{dp(L_s)}{dL_s}Q(L_0-L_s)$$

$$\frac{dL_s}{d\alpha}=-\frac{F_\alpha}{F_{L_s}}=\frac{(1-p)\frac{dQ}{dL}+\frac{dp}{dL_s}Q}{2\alpha\frac{dp}{dL_s}\frac{dQ}{dL}-[1-(1-p)\alpha]\frac{d^2Q}{dL^2}-\alpha\frac{d^2p}{d{L_s}^2}Q}$$

$$=\frac{(1-p)Q'+p'Q}{2\alpha p'Q'-[1-(1-p)\alpha]Q''-\alpha p''Q}>0 \tag{2-8}$$

(2-8)式的经济含义是安全结构工资比例越高,区队在安全上投入越多。为了提高区队在安全生产上的积极性,可以适当提高安全结构工资比例。

2.3　安全生产竞赛理论

煤炭企业广泛使用打分办法,将考核对象的安全生产绩效按照分值大小进行排序,根据排序结果将考核对象分成优、良、中、差等类型,每一种类型得到相同奖励或处罚。这种办法的核心思想是工人安全绩效工资既取决于自己的劳动又取决于其他人的劳动,只有自己劳动投入后得到的安全绩效考核分值超过别人的分值,才可能排名靠前,获得优秀等级,得到最高安全绩效工资。企业希望通过这种根据排名好坏进行奖励的方式,激励工人之间在安全工作上相互竞争,从而提高企业安全水平。不按照业绩绝对值,而是按照业绩相对大小进行奖励,在劳动经济学中称为“锦标赛”(tournament)

激励。锦标赛机制最早是由 Lazear and Rosen(1981)进行的经济学分析,目前已经发展成为激励理论研究的热点之一。

下面以班组内部安全绩效工资分配为背景,在简化基础上介绍锦标赛理论。假设井下某班组只有同质的两名工人 A 和 B,该班组根据这两名工人安全绩效考核分值排名顺序进行奖励。

由于在井下分散作业,加上照明条件限制,工人在安全上的劳动投入无法直接监督,只能观察到劳动投入的结果,例如班组发生安全事故与否或工程质量好坏。若安全生产,该班组得到奖励为 π_h;若发生安全事故,该班组得到处罚为 π_l。设安全生产可能性由工人在安全上的劳动投入直接决定,劳动投入越大,安全生产可能性越大,反之亦然。工人在安全上的劳动投入数量 e_i 经数学上标准化处理后,处于 $e_i \in (0,1)(i=A,B)$,而且工人在安全上的劳动投入正好等于安全生产可能性(即不发生事故可能性)。这样,工人在安全上劳动投入为 e_i,安全生产可能性也为 e_i,则发生安全事故可能性为 $1-e_i$。工人劳动成本为 $c(e_i)$,满足 $c(0)=0$,$dc/de_i>0$,$d^2c/de_i^2>0$。一个安全上劳动投入 e_i,决定一组(e_i,$1-e_i$),偶然商品(π_h,e_i;π_l,$1-e_i$)统计上具有一阶随机占优性质(first-order stochastic dominance),该性质的经济含义是安全上劳动投入越大,安全生产可能性越大,该班组从上级得到的奖金越多。班组在安全上得到的奖励全部用于发放工人安全奖。

班组设计安全绩效工资时,需要确定安全绩效考评优秀和一般这两类员工的奖金 W_1、W_2,$W_1 \geq W_2$,令 $\Delta W = W_1 - W_2$。

工人安全上的劳动投入为 e_i 时,预期收入为:

$$EI_i(e_i) = w_1 e_i(1-e_j) + (w_1+w_2)/2[e_i e_j + (1-e_i)(1-e_j)] + w_2(1-e_i)e_j - c(e_i) \quad (2\text{-}9)$$

工人 i 被评为优秀可能性为 $e_i(1-e_j)$,将获得安全奖 w_1;工人 j 被评为一般可能性为 $(1-e_i)e_j$,将获得奖金 w_2;若两人安全绩效考核分值一样，则两人将被随机确定为优秀或一般，概率各为 50%，考核分值一样的概率是 $e_ie_j+(1-e_i)(1-e_j)$。

工人收入最大化一阶条件是：

$$dc/de_i = \Delta W/2 \quad (i = A, B) \tag{2-10}$$

上级对班组的安全奖罚规定是：发生事故，进行处罚；安全生产，即没有发生事故，进行奖励。班组安全奖取决于班组内部任何人都不发生事故。从前面假定知道，两名工人同时不发生事故可能性为 e_ie_j，班组将获得奖金 π_h；只要有一名工人发生事故或者两名工人都发生事故，班组将受到处罚，受到处罚可能性是 $e_i(1-e_j)+(1-e_i)e_j+(1-e_i)(1-e_j)$，罚金为 π_l。班组预期安全上奖罚金额是 $e_ie_j\pi_h-[e_i(1-e_j)+(1-e_i)e_j+(1-e_i)(1-e_j)]\pi_l$，整理后为 $(\pi_h+\pi_l)e_ie_j-\pi_l$。对班组来说，劳动力是同质的，$e_i$ 和 e_j 相等，因此班组预期安全上奖罚金额可以重新表达为 $(\pi_h+\pi_l)e_i^2-\pi_l$。

班组希望安全生产可能性越高越好，从一阶随机占优性质知道，工人安全上的劳动投入越多，安全生产可能性越高，同时班组从上级得到的安全奖励越多，表现为两名工人安全奖金越多。安全生产可能性最大和安全奖金最大化一致，因此该奖励办法可以抽象为班组追求安全奖金最大化，约束条件是工人奖金不能超过总奖金额，同时按排名方式分配奖金，具体是：

$$\text{Max } I = (W_1 + W_2) - 2c(e_i) \tag{2-11}$$

S. t.

$$W_1 + W_2 = (\pi_h + \pi_l)e_i^2 - \pi_l \tag{2-12}$$

$$dc/de_i = \Delta W/2 \tag{2-13}$$

(2-11)式表示班组在扣除工人努力成本后，追求两名工人的安全奖金最大化。(2-12)式表示两名工人的安全奖金不能超过班组奖金总额；(2-13)式表示在锦标赛机制下分配奖金，每名工人都追求自身奖金最大化。

将(2-12)式代入(2-11)式整理,可以得到:

$$I = (\pi_h + \pi_l)e_i^2 - \pi_l - 2c(e_i) \tag{2-14}$$

从(2-13)式知道,e_i是 ΔW 的函数,因此(2-14)式中隐含变量是 ΔW。对 ΔW 求一阶导数,得到 I 最大化的条件:

$$dI/d(\Delta W) = 2(\pi_h + \pi_l) \cdot e_i \cdot de_i/d(\Delta W) - 2dc/de_i \cdot de_i/d(\Delta W) = 0 \tag{2-15}$$

整理(2-15)式,得到:

$$\pi_h + \pi_l = \frac{dc/de_i}{e_i} \tag{2-16}$$

这里,(2-16)式就是班组实行锦标赛机制分配安全奖的最优条件。公式右侧表示在安全投入为 e_i情况下,每单位安全投入的边际成本,其中分子表示工人安全投入的边际成本。由于安全投入的边际成本是递增的,若我们设定随着工人安全投入不断增加,边际成本增加速度越来越快,每单位安全投入的边际成本将越来越大,那么班组安全生产时的奖金 π_h或出现事故时的罚款金额 π_l就越多,$\frac{dc/de_i}{e_i}$越大,工人在安全上的投入 e_i越多,班组安全生产可能性越大,安全生产越是可能保持在高水平。通俗地讲,就是班组在采用锦标赛机制分配安全奖时,上级部门对班组安全生产实行重奖重罚才能取得较好的实施效果。从约束条件 $dc/de_i = \Delta W/2$ 知道,要使工人增加安全投入,需要在班组内增加 ΔW,即拉开工人之间奖金差距,提高奖罚力度。

2.4 违章行为与查处之间博弈理论

对“三违”行为进行检查和罚款,是煤矿减少工人不安全行为的重要手段。在实际操作过程中,如果企业每时每刻对每个岗位上的工人都进行“三违”行为检查，监督成本将会很高，所以只能采取定期或不定期的抽查策略。工人在知道企业对“三违”行为只是定期或不定期抽查的情况下，就会发现自己的“三违”行为并不会总被查到，偶尔违章一次被发现并被罚款的可能性也不大。在这种工人和企业相互博弈的情况下，工人有两种行为可供选择：一是一直遵章守纪、安全生产；二是偶尔违章一次。企业面对工人的这两种选择，需要设计一种违章查处制度，决定适当的随机抽查概率和罚款力度，让工人在两种行为之间进行比较后，发现一直遵章守纪、安全生产比偶尔违章更合适，从而自觉安全生产，减少不安全生产行为。

从工人角度看，违章与检查之间的博弈关系可以用表 2-4 表示。其中，符号 A 表示安全生产或违章没有被发现情况下每月的安全奖；L 表示按照规程安全生产、遵章守纪的成本；F 表示违章被发现并罚款的数量。表中第 3、4 列分别表示工人有两种选择：安全生产或违章；第 3、4 行表示企业有两种选择：检查或不检查。

表 2-4　　工人博弈行为

		工人	
		安全生产	违章
企业	检查	$A-L$	$-F$
	不检查	$A-L$	A

工人采取安全行为的好处是无论企业是否检查，好处(I_1)都是安全奖(A)减去遵章守纪成本(L)，即 $I_1=A-L$。

工人偶尔违章的好处稍微复杂一些。设企业对该工人随机检查的概率为 p，则工人不被随机检查的概率为 $1-p$；工人自己决定的偶尔违章概率为 b，不违章概率为 $1-b$。工人偶尔违章的好处 $I_2=(1-b)(A-L)+b[p(-F)+(1-p)A]$。其中，$(A-$

L)表示不违章安全生产的收益,乘以不违章概率$(1-b)$,得到的$(1-b)(A-L)$表示不违章的期望收益。$(-F)$表示违章被查处的损失,乘以违章被查处概率 p,得到的 $p(-F)$表示违章被查处的期望值。A 表示违章没有被查处的收益,乘以违章没有被查处概率$(1-p)$,得到的$(1-p)A$ 表示违章没有被查处的期望收益。中括号中两项相加得到的$[p(-F)+(1-p)A]$就是违章的好处,再乘以违章的概率 b,得到的 $b[p(-F)+(1-p)A]$表示偶尔违章的期望好处。

企业需要设计一项“三违”查处制度,保证工人安全生产的好处大于偶尔违章的好处,即 $I_1>I_2$。利用上面对 I_1和 I_2的分析,这个不等式关系可以表示为:

$$A-L>(1-b)(A-L)+b[p(-F)+(1-p)A] \quad (2\text{-}17)$$

整理不等式,得到:

$$p(F+A)>L \quad (2\text{-}18)$$

这个不等式就是企业设计最优“三违”查处制度需要满足的条件。不等式左侧表示违章被查处的期望损失,p 是被查处概率,F 是被罚款数量,A 是被查处后损失的安全奖;不等式右侧表示工人主动遵章守纪的成本。

从这个不等式中,我们可以归纳出以下结论:

(1) 遵章守纪成本 L 一定情况下,抽查概率 p、罚金 F 和安全奖金 A 越大,工人安全生产可能性越大。企业规定管理人员每月查处违章次数,就是保证 p 维持在较高水平,从而鼓励工人安全生产;而且生产中重奖重罚有利于安全生产。

(2) 不同岗位或不同情况下,安全生产付出的代价即遵章守纪成本、查处概率、工人违章好处等均不一样。分岗位或分情况制定罚款、奖励数量和检查力度,才能保证安全生产的好处大于偶尔违章的好处。

第3章 生产与安全之间关系的经济分析

安全经济激励机制的调控对象可以分为两类:一是煤矿经营管理人员,包括子分公司董事长及经营班子成员、煤矿矿长及煤矿经营班子成员;二是煤矿职工。前面分别研究了这两类人员的安全经济激励机制,它们共同构成煤矿安全经济激励机制。本章将这两类人员的安全经济激励机制综合在一起,研究它们的相互联系,以及安全经济激励机制对生产与安全的影响。

煤矿经营管理人员(以下简称矿长)实行年薪制,包括职务年薪、岗位绩效薪金和安全奖三部分,其中职务年薪固定,岗位绩效薪金和企业经济效益挂钩,安全奖和企业安全水平挂钩。矿长年薪高低取决于煤矿经济效益好坏和安全水平高低。煤矿职工工资主要包括计件工资和安全奖两部分,工资高低取决于煤炭产量大小和安全水平高低。

从矿长角度看,煤炭产量大小和安全水平高低主要由工人劳动决定。提高计件单价和安全奖数量,可以提高工人搞好生产和安全的积极性。但是计件工资额和安全奖是煤炭生产成本中最主要部分，提高计件单价和安全奖将增加生产成本、降低利润。矿长必须在计件单价、安全奖和产量、安全水平、利润之间寻求平衡，以实现自身利益最大化。

从工人角度看，劳动只是谋生的一种手段，是一种繁重的体力和脑力活动。在工作时间固定、计件单价和安全奖励标准确定的情况下，工人需要考虑如何分配时间，生产出最佳产量并保持最佳安全水平，以获取最大利益。

由于矿长和职工实行不同工资分配办法，生产一定产量和保持一定安全水平，矿长和工人付出代价和得到好处均不相同。二者经济利益不相同，导致矿长和职工之间存在博弈关系。博弈过程可以简化如下：首先，由矿长设计计件单价和安全奖励标准；然后，工人根据计件单价和安全奖励标准选择在生产和安全上的时间分配，根据煤炭产量和安全水平计算应该获取的收入；最后，矿长必须在考虑工人决策过程基础上，制定对自己最有利的计件单价和奖励标准，引导工人的生产和安全行为，实现自身利益最大化。矿长和工人追求自身利益最大化过程，间接决定了煤矿的生产和安全水平，同时决定了煤矿利润。当然，矿长和工人之间博弈过程是在集团对矿长分配办法事先确定、煤矿生产和安全条件既定这个大背景下进行的。集团对矿长分配办法的调整，煤矿之间生产和安全条件的不同，都会影响到矿长和工人之间博弈的结果，从而影响煤矿生产与安全。通过这项研究，有助于集团制定适当政策，引导矿长和工人之间的博弈结果向集团希望的方向发展。

下面分四部分叙述：一是建立矿长和工人在生产、安全上的博弈模型；二是介绍简化的生产、安全博弈模型并求最优解；三是研究煤炭价格、安全生产条件、矿长分配办法等因素变动对博弈结果及生产、安全的影响；四是总结。

3.1　矿长和工人在生产、安全上的博弈模型

我们建立的博弈模型是对现实的一种抽象,力求反映最主要的技术、经济关系,不是对现实的简单重复。

3.1.1　假定

首先假定:煤矿在研究期间机器设备数量、技术水平不变,不存在自然地质条件问题,煤炭产量和安全水平主要取决于工人劳动时间。

产量与劳动时间之间的关系用生产函数表示,即

$$q_1 = q_1(t_1) \tag{3-1}$$

式中,q_1 表示煤炭产量;$q_1(t_1)$表示用于煤炭生产的劳动时间为 t_1 时的煤炭产量。生产函数符合经济学的标准假定,存在 $dq_1/dt_1>0$;$d^2q_1/dt_1{}^2<0$,其中,dq_1/dt_1 是劳动时间的边际产量,$d^2q_1/dt_1{}^2$ 是边际产量的二阶导数,即边际产量随时间变化而变化数量;$dq_1/dt_1>0$ 经济含义是增加劳动时间,产量增加;$d^2q_1/dt_1{}^2<0$ 经济含义是随着劳动时间增加,额外增加单位时间带来总产量增加幅度减少,即劳动时间的边际产量递减。

安全水平用不发生死亡事故概率 q_2 表示,q_2 越大,安全水平越高。安全水平与劳动时间的关系类似于产量与劳动时间的关系,用安全函数表示,即

$$q_2 = q_2(t_2) \tag{3-2}$$

式中,q_2 表示安全水平;$q_2(t_2)$表示用于安全投入的时间为 t_2 时的安全水平。安全可以理解为工人生产出的一种产品,供企业和工人双方使用。安全函数同样符合经济学的标准假定,存在 dq_2/dt_2

>0；$d^2q_2/dt_2^2<0$，其中，dq_2/dt_2 是劳动时间的边际安全水平，d^2q_2/dt_2^2 是边际安全的二阶导数，即边际安全随时间变化而变化数量；$dq_2/dt_2>0$ 经济含义是增加用于安全的时间，安全水平将提高；$d^2q_2/dt_2^2<0$ 经济含义是随着用于安全的时间增加，安全水平提高幅度下降，即劳动时间的边际安全递减。

3.1.2 矿长年薪

矿长年薪由职务年薪、岗位绩效年薪和安全奖组成。职务年薪是固定数，为简化计算，假设为零。岗位绩效年薪和经济效益指标挂钩，我们用利润表示经济效益，利润越大，经济效益越好。安全奖发放规则是没有发生死亡事故，发放安全奖；发生死亡事故，安全奖取消。矿长年薪 $V(w_1,w_2)$ 可以表示为：

$$V(w_1,w_2)=v_1\{p\cdot q_1(t_1)-[w_1\cdot q_1(t_1)+w_2\cdot q_2(t_2)]\}+v_2\cdot q_2(t_2) \tag{3-3}$$

式中，v_1 表示实现单位利润矿长可以获得的岗位绩效年薪，v_2 表示没有发生死亡事故矿长可以获得的安全奖，v_1、v_2 由煤矿上级部门决定；w_1 表示计件单价即单位产量支付给工人的计件工资，w_2 表示没有发生死亡事故工人可以获得的安全奖，w_1、w_2 由煤矿自己决定；p 表示煤炭价格，p 由市场或上级部门决定。

公式(3-3)右侧第一项表示岗位绩效年薪，其中，大括号中内容表示煤矿利润。在劳动力为唯一生产要素、税收为零情况下，销售收入等于煤炭价格乘以煤炭产量 $p\cdot q_1(t_1)$，煤炭成本等于支付给工人的计件工资和安全奖 $w_1\cdot q_1(t_1)+w_2\cdot q_2(t_2)$。需要说明的是，工人的安全奖是期望安全奖，由没有发生死亡事故概率（安全水平）乘以安全奖加发生死亡事故概率乘以零（即取消安全奖）得到，即 $w_2\cdot q_2(t_2)+0\times[1-q_2(t_2)]=w_2\cdot q_2(t_2)$。销售收入减成本得到利润，即利润 $=p\cdot q_1(t_1)-[w_1\cdot q_1(t_1)+w_2\cdot$

$q_2(t_2)]$，利润与单位利润获得的绩效年薪 v_1 相乘即为矿长岗位绩效年薪。

公式(3-3)右侧第二项为矿长期望安全奖。与工人期望安全奖类似，矿长期望安全奖由没有发生死亡事故概率（安全水平）乘以安全奖加发生死亡事故概率乘以零（即取消安全奖）得到，即 $v_2 \cdot q_2(t_2)+0\times[1-q_2(t_2)]=v_2 \cdot q_2(t_2)$。

3.1.3　工人劳动好处

工人收入主要由计件工资和安全奖构成。劳动是一种繁重的体力和脑力活动，工人劳动成本换算金钱等于 $c(t_1,t_2)$。假设成本函数标准假定存在，$\frac{\partial c(t_1,t_2)}{\partial t_1}>0$，$\frac{\partial c(t_1,t_2)}{\partial t_2}>0$，表示在生产或安全上增加劳动时间，劳动成本都会增加；$\frac{\partial^2 c(t_1,t_2)}{\partial t_1^2}>0$，$\frac{\partial^2 c(t_1,t_2)}{\partial t_2^2}>0$，表示劳动成本随着劳动时间增加而递增，在生产或安全上每额外增加 1 单位时间，劳动成本增加幅度越多。工人劳动好处等于劳动收入减去劳动成本，即

$$U(t_1,t_2)=w_1 \cdot p_1(t_1)+w_2 \cdot p_2(t_2)-c(t_1,t_2) \quad (3\text{-}4)$$

公式(3-4)右侧前面第一项表示计件工资，第二项表示期望安全奖，第三项表示劳动成本。

另外，工人在追求工人劳动好处时，受到工作时间固定条件限制，即

$$t_1+t_2=1 \quad (3\text{-}5)$$

公式(3-5)中，1 表示 1 个班或者 1 天或者 1 月等。在 1 个工作班内，时间用于生产 t_1 或安全投入 t_2。

3.1.4　矿长和工人在生产、安全之间博弈模型

结合公式(3-3)、(3-4)、(3-5)可以得到矿长和工人在生产、安

全之间博弈模型。矿长追求收入最大化,但是受到工人追求自身利益最大化行为的约束,具体是:

$$\text{Max } V(w_1, w_2) = v_1\{p \cdot q_1(t_1) - [w_1 \cdot q_1(t_1) + w_2 \cdot q_2(t_2)]\} + v_2 \cdot q_2(t_2) \tag{3-6}$$

S. t.

$$\text{Max } U(t_1, t_2) = w_1 \cdot p_1(t_1) + w_2 \cdot p_2(t_2) - c(t_1, t_2) \tag{3-7}$$

$$t_1 + t_2 = 1 \tag{3-8}$$

在公式(3-6)、(3-7)、(3-8)构成博弈模型中,矿长首先决定计件单价 w_1 和安全奖标准 w_2,然后工人根据计件单价和安全奖标准决定时间在煤炭生产和安全投入之间的分配,工人的时间分配结果决定煤炭生产数量和安全水平,最终决定矿长收入高低。矿长和工人在决策过程中知道这和相互影响,矿长和工人必须在考虑对方可能行为之后,作出对自己最有利的行为。矿长和工人的决策过程间接决定了煤矿的生产和安全。

3.2 简化的生产、安全博弈模型及其最优解

在公式(3-6)、(3-7)、(3-8)构成的模型中,生产函数 $q_1(t_1)$、安全函数 $q_2(t_2)$和成本函数 $c(t_1, t_2)$均为抽象函数,在目前假定下只能证明方程组存在最优解,但是无法求出最优解,这对指导实践工作没有任何意义。为了探求各个因素之间的相互影响,需要对模型进一步简化和假定,才能求出最优解。下面在尽量保持和实践一致基础上,对生产函数、安全函数和成本函数作出简化假定。

煤炭生产函数设定为

$$q_1 = \mu t_1 \tag{3-9}$$

式中，μ 表示工人劳动生产率。μ 取决于自然条件、机械化程度、技术水平等因素。

安全函数设定为

$$q_2 = k\,t_2 \tag{3-10}$$

式中，k 表示每增加一单位时间，煤矿不发生死亡事故概率增加幅度。设定 $0<k<1$，加上(3-8)式要求 $0<t_2<1$，保证 q_2 在 0 和 1 之间，即 $0<q_2<1$。k 主要受自然条件、技术水平和管理水平综合影响，主要反映安全水平改进容易程度，k 越大，说明安全水平改进余地越大。例如，如果自然条件不利于安全生产，安全生产改进余地大，工人增加安全生产时间后安全水平提高幅度大，即 k 越大；反之，如果自然条件有利于安全生产，安全生产改进余地小，工人增加安全生产时间后安全生产水平提高幅度小。

成本函数设定为：

$$C(t_1, t_2) = c(t_1^2 + t_2^2 + 2\theta\, t_1 t_2) \tag{3-11}$$

式中，c 为成本系数，c 越大，表示劳动同样时间给工人带来的负面效用越大。c 受到工人对闲暇的评价、工作强度和工作难度产生的负效用、私人煤矿工资水平等因素的影响。θ 是两项任务的成本相关系数，设定 $0\leqslant\theta<1$。$0\leqslant\theta<1$ 有两层含义：一是表明生产和安全之间的时间具有替代性，增加生产时间必定以减少安全时间为代价；二是表明特定时间安排对劳动成本的影响不会超出该特定时间安排本身。对 $C(t_1, t_2)$ 求 t_1 的一阶和二阶偏导数，可得

$$\frac{\partial C}{\partial t_1} = 2c(t_1 + \theta\, t_2) > 0 \tag{3-12}$$

$$\frac{\partial^2 C}{\partial t_1^2} = 2c > 0 \tag{3-13}$$

式中，$\frac{\partial C}{\partial t_1}>0$ 说明增加生产时间将使工人劳动成本增加，反之亦

然；$\frac{\partial^2 C}{\partial t_1^2}>0$ 说明随着生产时间不断增加，增加单位生产时间导致总成本增加幅度越来越大。对 t_2 也存在类似关系。

通过以上假定，公式(3-6)、(3-7)、(3-8)构成的博弈模型可以重新表达为

$$\mathrm{Max}\, V(w_1, w_2)=v_1\cdot[p\mu t_1-(w_1\mu t_1+w_2 k t_2)]+v_2 k t_2 \tag{3-14}$$

S. t.

$$\mathrm{Max}\, U(t_1, t_2)=w_1\mu t_1+w_2 k t_2-c(t_1^2+t_2^2+2\theta t_1 t_2) \tag{3-15}$$

$$t_1+t_2=1 \tag{3-16}$$

应用博弈理论中纳什均衡解求解原理，可以得到方程组(3-14)、(3-15)、(3-16)的最优解(详见附录)。求解结果如下：

$$w_1^*=\frac{c(1+\theta)}{\mu}-\frac{kv_2}{4v_1\mu}+\frac{p}{4} \tag{3-17}$$

$$w_2^*=\frac{c(1+\theta)}{k}+\frac{v_2}{4v_1}-\frac{p\mu}{4k} \tag{3-18}$$

$$t_1^*=\frac{1}{2}-\frac{1}{8c(1-\theta)}\left(\frac{kv_2}{v_1}-p\mu\right) \tag{3-19}$$

$$t_2^*=\frac{1}{2}+\frac{1}{8c(1-\theta)}\left(\frac{kv_2}{v_1}-p\mu\right) \tag{3-20}$$

应用(3-19)、(3-20)式和(3-9)、(3-10)式可以得到最优的产量和安全水平如下：

$$q_1=\mu\left[\frac{1}{2}-\frac{1}{8c(1-\theta)}\left(\frac{kv_2}{v_1}-p\mu\right)\right] \tag{3-21}$$

$$q_2=k\left[\frac{1}{2}+\frac{1}{8c(1-\theta)}\left(\frac{kv_2}{v_2}-p\mu\right)\right] \tag{3-22}$$

3.3 相关因素变动对生产、安全的影响——比较静态分析

从产量和安全水平最优解知道，煤矿产量和安全水平由多种因素共同作用。例如反映煤炭市场供求状况的煤炭价格 p、反映煤矿生产水平的劳动生产率 μ、反映煤矿自然条件和安全管理难易程度的指标 k、工人对劳动的看法 c、上级对经济效益和安全的重视程度 v_1 和 v_2、生产和安全在劳动上的相互关系 θ 等因素综合决定了一个煤矿的煤炭产量和安全水平。下面分别研究这些因素变化对计件单价、安全奖、生产、安全的影响。研究方向是假设其他因素不变，只有一个特定因素变化，然后考察这个特定因素变化对相关变量的影响。这种方法在经济学中称为比较静态分析。

3.3.1 煤炭价格变动的影响

我们首先对模型均衡解 $w_1^*, w_2^*, t_1^*, t_2^*$ 分别就煤炭价格 p 求偏导，得到一阶偏导数如下：

$$\left.\begin{aligned}\frac{\partial w_1^*}{\partial p}&=\frac{1}{4}>0\\ \frac{\partial w_2^*}{\partial p}&=-\frac{\mu}{4k}<0\\ \frac{\partial t_1^*}{\partial p}&=\frac{\mu}{8c(1-\theta)}>0\\ \frac{\partial t_2^*}{\partial p}&=-\frac{\mu}{8c(1-\theta)}<0\end{aligned}\right\}\qquad(3\text{-}23)$$

通过(3-23)式可以看出，计件工资 w_1 和煤炭生产时间 t_1 与

煤炭价格同方向变化，安全奖 w_2 和安全投入时间 t_2 与煤炭价格反方向变化。煤炭行情好时，矿长增加煤炭生产动力较大，提高安全水平动力较小，安全生产压力较大；反之，则相反。

3.3.2 劳动生产率变动的影响

对模型均衡解变量分别就煤炭劳动生产率 μ 求偏导，得到一阶偏导数如下：

$$\left.\begin{aligned}\frac{\partial w_1^*}{\partial \mu} &= \frac{kv_2/v_1 - 4c(1+\theta)}{4\mu^2} \\ \frac{\partial w_2^*}{\partial \mu} &= -\frac{p}{4k} \\ \frac{\partial t_1^*}{\partial \mu} &= \frac{p}{8c(1-\vartheta)} \\ \frac{\partial t_2^*}{\partial \mu} &= -\frac{p}{8c(1-\theta)}\end{aligned}\right\} \tag{3-24}$$

式中$\frac{\partial w_1^*}{\partial \mu}$的符号无法直接看出来。根据式(3-17)中计件工资单价的最优解可以推出：

$$\frac{kv_2}{v_1} = 4c(1+\theta) + 4\mu\left(\frac{p}{4} - w_1^*\right) \tag{3-25}$$

如果公式(3-25)中$\frac{p}{4} - w_1^* > 0$，即每生产一吨煤的工人工资 w_1^* 占煤炭价格 p 的比重小于 1/4，那么$\frac{kv_2}{v_1} > 4c(1+\theta)$，代入(3-24)式可得$\frac{\partial w_1^*}{\partial \mu} > 0$。因此，当工资成本占总成本比重不高时，劳动生产率提高将会同时提高计件单价；反之，劳动生产率提高将导致计件单价下降。

综合公式(3-24)、(3-25)，可以得到下列结论：无论矿长如何制定计件单价，随着劳动生产率提高，工人都将增加煤炭生产时间,减少安全投入时间。随着劳动生产率提高,矿长会降低安全奖;如果工资成本占总成本比重不大,将提高计件单价,否则会降低计件单价。

3.3.3 安全水平改进容易程度变动的影响

对模型均衡解变量分别就 k 求偏导,得到一阶偏导数如下:

$$\left.\begin{aligned}\frac{\partial w_1^*}{\partial k}&=\frac{v_2}{4v_1\mu}<0\\\frac{\partial w_2^*}{\partial k}&=\frac{p\mu-4c(1+\theta)}{4k^2}\\\frac{\partial t_1^*}{\partial k}&=-\frac{v_2}{8c(1-\theta)v_1}<0\\\frac{\partial t_2^*}{\partial k}&=\frac{v_2}{8c(1-\theta)v_1}>0\end{aligned}\right\}\tag{3-26}$$

式中$\frac{\partial w_2^*}{\partial k}$的符号无法直接判断。利用计算最优解 w_2^* 的公式(3-18)得到:

$$p\mu-4c(1+\theta)=k\left(\frac{v_2}{v_1}-4w_2^*\right)\tag{3-27}$$

公式(3-27)等号右侧 v_2/v_1 表示矿长安全奖和吨煤利润绩效年薪之比。如果上级对安全足够重视,矿长安全奖足够高,将保证公式右侧$\frac{v_2}{v_1}-4w_2^*>0$,安全水平改进程度增大煤矿将提高工人安全奖,否则可能会降低安全奖。

结合公式(26)、(27)可以发现,安全改进容易煤矿,无论计件单价和安全奖是多少,工人都将增加安全投入时间,减少煤炭生产时间;矿长会降低计件单价;当上级对矿长安全奖足够高时,矿长还会提高工人安全奖,否则会降低工人安全奖。安全水平比较高煤矿,安全水平改进余地比较小,k 值比较小,工人对安全的投入将下降,容易产生麻痹大意;反之,安全水平比较低煤矿,工人对安全重视程度会更高一些。

3.3.4 单位利润可获得的绩效年薪变动的影响

对模型各均衡解变量分别就 v_1 求偏导，得到一阶偏导数如下：

$$\left.\begin{aligned}\frac{\partial w_1^*}{\partial v_1} &= \frac{kv_2}{4v_1^2\mu} > 0 \\ \frac{\partial w_2^*}{\partial v_1} &= -\frac{v_2}{4v_1^2} < 0 \\ \frac{\partial t_1^*}{\partial v_1} &= \frac{kv_2}{8c(1-\theta)v_1{}^2} > 0 \\ \frac{\partial t_2^*}{\partial v_1} &= -\frac{kv_2}{8c(1-\theta)v_1{}^2} < 0\end{aligned}\right\} \tag{3-28}$$

从公式(3-28)知道，单位利润可获得的绩效年薪 v_1 变动方向与计件单价、煤炭生产时间同方向，与工人安全奖、工人用于安全投入时间成反比。提高单位利润可获得的绩效年薪 v_1，将增加计件单价、提高工人在生产上的时间花费，从而提高产量；但是会降低工人的安全奖，减少用于安全投入时间。激励矿长增加利润，就会刺激生产，抑制安全。利润和安全是一对矛盾。

3.3.5 矿长安全奖的影响

对模型各均衡解变量分别求 v_2 的一阶偏导数如下：

$$\left.\begin{aligned}\frac{\partial w_1^*}{\partial v_2} &= -\frac{k}{4v_1\mu} < 0 \\ \frac{\partial w_2^*}{\partial v_2} &= \frac{1}{4v_1} > 0 \\ \frac{\partial t_1^*}{\partial v_2} &= -\frac{k}{8c(1-\theta)v_1} < 0 \\ \frac{\partial t_2^*}{\partial v_2} &= \frac{k}{8c(1-\theta)v_1} > 0\end{aligned}\right\} \tag{3-29}$$

从公式(3-29)知道，矿长安全奖 v_2 和计件单价、工人用于煤炭生产的时间成反比，和工人安全奖、工人用于安全投入的时间成正比。矿长安全奖 v_2 与其实现单位利润的岗位绩效年薪的激励方向正好相反，实际工作中应该注意避免这两种奖励效果抵消的情况。

3.3.6　工人劳动成本变动的影响

对模型各均衡解变量分别求 c 的一阶偏导数如下：

$$\left.\begin{aligned}
\frac{\partial w_1^*}{\partial c} &= \frac{1+\theta}{\mu} > 0 \\
\frac{\partial w_2^*}{\partial c} &= \frac{1+\theta}{k} > 0 \\
\frac{\partial t_1^*}{\partial c} &= -\frac{1}{8c^2(1-\theta)^2}\left(p\mu - \frac{kv_2}{v_1}\right) \\
\frac{\partial t_2^*}{\partial c} &= \frac{1}{8c^2(1-\theta)^2}\left(p\mu - \frac{kv_2}{v_1}\right)
\end{aligned}\right\} \tag{3-30}$$

从公式(3-30)知道，劳动成本系数 c 与计件单价、工人安全奖成正比，劳动成本系数越大，计件单价、安全奖越高。劳动成本系数 c 对时间分配影响结果不确定，如果劳动生产率的市场价值 $p\mu$ 足够大，大于 kv_2/v_1，则劳动成本系数与生产时间成反比，与安全投入时间成正比；反之，则相反。

3.4　简化模型的验证

简化模型中，有 6 个外生变量影响计件单价和工人安全奖的最优解，从而影响产量、利润和安全。这些外生变量是反映市场供求关系的煤炭价格 p、反映上级对经济效益和安全重视程度的指标即单位利润奖励矿长的岗位绩效年薪 v_1 和矿长安全奖

v_2、由煤矿自身条件决定的劳动生产率 μ 和安全水平改进容易程度 k、工人对劳动喜好程度 c。这 6 个因素中，集团内部每个煤矿的 v_1、v_2 差异不大；工人对劳动喜好程度 c 对所有煤矿基本相同。这 3 个因素变化不大，不容易用数量证明它们变化对计件单价和工人安全奖的影响。煤矿实际执行的煤炭价格 p 是内部收购价，和煤炭市场有关，主要由集团公司自己决定，不容易收集，验证时不考虑。安全水平改进的容易程度受多种因素决定，不容易测度，验证时也不考虑。我们重点验证由煤矿自身条件决定的劳动生产率 μ 和安全水平改进容易程度 k 这两个指标对工人安全奖的影响。

劳动生产率用全员工效表示。2011 年神东公司全员工效为 95 t/工，乌海公司为 4.26 t/工，宁煤公司 3 个样本矿分别为 2.53、2.92、12.68 t/工，准能 1 个样本矿为 78.37 t/工。乌海和宁煤公司全员工效远低于神东、准能。我们将 4 个公司分为两种类型，神东和准能公司为劳动生产率比较高的类型，乌海和宁煤公司为劳动生产率相对比较低的类型。由比较静态分析部分的公式(3-24)知道，劳动生产率增加，工人安全奖将减少。根据这个结论，可以预期神东、准能这两个劳动生产率比较高的公司，工人安全奖会比较少。

简化模型中工人隐含是指直接生产工人，这 4 个公司相关煤矿井下工人构成如表 3-1 所示。从表中可以看出神东、准能公司劳务工占井下工人比重较高，考虑劳务工主要分布在井下苦、脏、累岗位，正式工主要分布在井下辅助岗位，这两个公司直接生产工人用劳务工来代表。乌海公司没有劳务工，宁煤公司主要在新矿使用劳务工，老矿很少使用，乌海和宁煤公司直接生产工人用正式工代表。这样将比较 4 个公司生产工人安全奖转化为比较神东、准能公司这两个公司劳务工安全奖和乌海、宁煤这两个公司正式工的安全奖。安全奖主要包括安全结构工资和安全风险抵押，表3-2所示是这4个公司的安全奖情况。从表中数据可以看出，全员工效高的神东、准能公司井下一线采掘工人安全奖明显低于乌海、宁煤公司，这和我们的理论模型预测结果一致，即从劳动生产率角度证明了简化模型的正确性。

表3-1　2012年井下人员及构成

公司	煤矿	人数			劳务工占井下工人比重/%
		正式工	劳务工	合计	
乌海	利民	503	0	503	0.00
	平沟	878	0	878	0.00
宁煤	金能	2 328	0	2 328	0.00
	梅花井	1 343	831	2 174	38.22
神东	补连塔	658	998	1 646	60.63
	柳塔	574	446	1 020	43.73
	上湾	487	593	1 163	50.99
准能	哈尔乌素	164	943	1 107	85.19
	黑岱沟	487	854	1 341	63.68

数据来源：调研资料整理。

表3-2　4个公司井下采掘一线工人安全奖

安全奖	全员工效高(劳务工)		全员工效低(正式工)	
	神东	准能	乌海	宁煤
安全结构工资	无	无	工资总额40%	750元/月
安全风险抵押/(元/月)	300	83	500	500

数据来源：调研资料整理。

如果用采掘一线工人安全奖多少间接反映煤矿经营班子对

安全的重视程度，我们可以得到以下结论：劳动生产率高的煤矿对安全重视程度低于劳动生产率低的煤矿；劳动生产率高的煤矿对煤炭生产重视程度高于安全。

3.5 总结

通过博弈模型和比较静态分析，我们说明了目前薪酬分配体制下以矿长为代表的经营班子成员和工人在各自追求利益最大化的相互博弈的过程，煤炭产量、利润和安全均是双方利益博弈的结果。煤炭产量、利润和安全水平是以煤炭价格为代表的市场供求关系、煤矿自身的劳动生产率、安全水平改进容易程度、上级对利润和安全的重视程度或者说上级对矿长的单位利润奖励力度(v_1)和安全奖(v_2)、工人对劳动的喜好程度等因素博弈的结果。这些因素对每个煤矿都不完全相同，每个煤矿博弈的结果也不相同。

安全问题，首先是安全与煤炭生产、利润之间关系协调问题，其次才是安全管理问题。没有处理好煤炭生产、利润与安全之间关系，安全管理将处于被动地位，安全也很难得到保障。上级(集团公司)可以通过调整矿长及经营班子的岗位绩效年薪和安全奖，引导煤矿处理好煤炭生产、利润与安全之间关系。

我们的研究结果有一部分和经验相一致。这些研究结果是煤炭价格、岗位绩效薪酬奖励力度、安全奖数量对生产与安全的影响。具体是：① 煤炭价格高，煤矿追求经济效益积极性较大，提高安全水平的积极性受到抑制。② 增加矿长的岗位绩效薪酬比重，有助于提高煤矿经济效益，但是不利于安全生产。③ 提高矿长安全奖标准，可以提高煤矿对安全的重视程度，有利于提高安全水平。

我们的研究结果有一部分在实践中很少提及，没有引起人们的重视。这些研究结果主要是劳动生产率、安全水平改进容易程度和工人劳动成本对生产与安全的影响。具体是：① 劳动生产率高的煤矿，无论煤矿制定的吨煤单价和工人安全奖是多少，工人对生产的重视程度都相对较高，对安全重视程度都相对较弱。提高劳动生产率对安全生产有负面影响。② 无论工人安全奖是多少，安全水平容易改进，则煤矿工人更加重视安全。这说明工人自身有重视安全的内在动力，在安全生产不容易监管的情况下，这种内在动力是影响安全生产的重要因素。这还说明安全水平高的煤矿，安全水平进一步提高的难度较大，工人可能会出现畏难情绪，对安全生产麻痹大意。③ 工人劳动成本增加，应该及时提高计件工资和安全奖。目前煤矿生产一线劳务工比较多，他们的流动性比较大。随着国家经济发展水平的不断提高，平均工资水平也在逐年增长。如果不能及时提高劳务工工资水平，很难吸引优秀劳务工安心井下工作，对生产和安全都会带来不利影响。

根据上面分析，生产和安全受多种因素共同影响。例如市场价格、企业生产和安全条件、工人的劳动成本以及政府设计的激励机制等。如果要设计合适的激励机制，应该根据不同情况适当调整激励方案，不能用固定一套办法应用到所有企业，各煤矿之间应该有差别化。

另外，应该根据市场条件变化即煤炭价格变化，及时调整激励力度，确保安全水平。例如，目前煤炭价格下降，煤矿从自身利益出发有减少生产、增加安全的积极性；但是为了完成事前确定的利润计划，上级可能会对盈利煤矿增加生产的激励力度，这样就可能会影响到安全生产；或者为了控制成本，减少安全相关奖励，也可能影响到安全。因此，在激励增加生产和提高经济效益时，应该注意对安全的负面效应。

本部分有两个局限：一是没有在模型中纳入安全技术和安全投入，这两个因素影响安全水平，在模型中影响安全改进容易程度 k 的大小。我们的研究结论在安全技术和安全投入不变条件下才会成立，短期内可以认为安全技术和安全投入保持不变，因此结论在短期内具有意义。没有纳入这两个因素有两个原因：第一，加入它们后模型将变得复杂，不容易求解；第二，我们重点研究对矿长和工人的安全经济激励机制，主要涉及工人在煤炭生产和安全上的时间分配问题，安全技术和安全投入不是本课题的研究重点。二是没有进行定量验证，主要原因是大多数煤矿年度内死亡事故为零，缺乏衡量安全水平的适当指标和数据。

附录　求解博弈模型最优解

最优解

矿长和工人之间博弈模型经简化后如下：

$$\text{Max}\, V(w_1, w_2) = v_1[p\mu t_1 - (w_1\mu\, t_1 + w_2 k\, t_2)] + v_2 k\, t_2 \quad (1)$$

S. t.

$$\text{Max}\, U(t_1, t_2) = w_1\mu\, t_1 + w_2 k\, t_1 - c(t_1^2 + t_2^2 + 2\theta\, t_1 t_2) \quad (2)$$

$$t_1 + t_2 = 1 \quad (3)$$

首先求(2)式最大化的一阶必要条件，得到：

$$\frac{\partial w}{t_1} = w_1\mu - 2c\, t_1 - 2\theta\, c\, t_2 = 0 \quad (4)$$

$$\frac{\partial w}{t_2} = w_2 k - 2c\, t_2 - 2\theta\, c\, t_1 = 0 \quad (5)$$

由(4)式得

$$t_1 = \frac{w_1\mu}{2c} - \theta\, t_2 \quad (6)$$

将(6)式代入(5)式得

$$t_2^* = \frac{w_2 k - w_1 \mu \theta}{2c(1-\theta^2)} \tag{7}$$

将(7)式代回(6)式可得

$$t_1^* = \frac{w_1 \mu - w_2 k \theta}{2c(1-\theta^2)} \tag{8}$$

公式(7)和(8)给出了工人生产和安全投入时间的最优反应函数，由于存在劳动总时间限制，决策者的选择范围会进一步缩小。我们将反应函数(7)和(8)代入时间限制条件(3)中，得到：

$$\frac{w_1 \mu + w_2 k}{2c(1+\theta)} = 1$$

$$w_1 \mu = 2c(1+\theta) - w_2 k \tag{9}$$

等式(9)限制了矿长的选择范围，同时也告诉工人劳动成本和矿长制定的工人经济激励之间的相对数量关系。

我们将上述三个约束条件(7)、(8)、(9)全部代入矿长目标函数，替换掉函数中三个变量 t_1、t_2、w_1，则矿长目标函数可以重新表达为：

$$\begin{aligned}\text{Max } V(w_2) = \frac{1}{2c(1-\theta^2)}\{ & v_1[p\mu - 2c(1+\theta) + w_2 k] \cdot \\ & [2c(1+\theta) - w_2 k - w_2 k\theta] + k(v_2 - \\ & v_1 w_2) \cdot [w_2 k - 2c\theta(1+\theta) + w_2 k\theta]\}\end{aligned} \tag{10}$$

对公式(10)就 w_2 求一阶导数。根据最优值的一阶必要条件，得到下面的等式：

$$\begin{aligned}\frac{\partial V}{\partial w_2} = \frac{1}{2c(1-\theta^2)}\{ & 2v_1 k[c(1+\theta)^2 - w_2 k - w_2 k\theta] + \\ & [kv_2 - kv_1 w_2 - v_1 p\mu + 2cv_1(1+\theta) - \\ & v_1 w_2 k](k + k\theta)\} = 0\end{aligned} \tag{11}$$

根据等式(11)可以求出工人安全奖均衡值：

$$w_2^* = \frac{c(1+\theta)}{k} + \frac{v_2}{4v_1} - \frac{p\mu}{4k} \tag{12}$$

将(12)式代入(9)式,得到计件单价均衡值:

$$w_1^* = \frac{c(1+\theta)}{\mu} - \frac{kv_2}{4v_1\mu} + \frac{p}{4} \tag{13}$$

等式(12)、(13)是矿长出于自身利益最优拟定的工资合同。根据这一合同,工人将利用反应函数(7)、(8)计算出对自己最有利的在煤炭生产和安全投入上的劳动时间分配。煤炭生产最优时间是:

$$t_2^* = \frac{w_2^* k - w_1^* \mu \theta}{2c(1-\theta^2)} - \frac{\left[c(1-\theta) + \frac{kv_2}{4v_1} - \frac{p\mu}{4}\right]}{2c(1-\theta)}$$

$$= \frac{1}{2} + \frac{1}{8c(1-\theta)}\left(\frac{kv_2}{v_1} - p\mu\right) \tag{14}$$

安全投入时间是:

$$t_1^* = 1 - t_2^* = \frac{1}{2} - \frac{1}{8c(1-\theta)}\left(\frac{kv_2}{v_1} - p\mu\right) \tag{15}$$

最优解存在的二阶充分条件

通过目标函数的一阶必要条件,只是得出了满足函数最大化的稳定点,该点对应的有可能是函数的最大值,也有可能是最小值或鞍点值。要确定该稳定点就是函数的最大化点,还必须满足充分条件——目标函数的二阶导数为负。

计算(10)式表示的目标函数二阶导数如下:

$$\frac{\partial^2 V}{\partial w_2^2} = -\frac{1}{2c(1-\theta^2)}[2v_1k + (kv_1 + v_1k)](k + k\theta) < 0 \tag{16}$$

公式(16)表明,二阶充分条件检验通过,等式(12)、(13)是满足矿长收入目标函数最大化的均衡解。

第4章 子分公司和煤矿经营班子安全经济激励机制研究

4.1 煤炭板块子分公司负责人年薪办法及其安全经济激励机制

神华集团子分公司负责人年薪办法将子分公司分为两种类型,即安全风险较大的生产型子分公司和其他子分公司,分别规定不同年薪计算办法。煤炭板块企业属于安全风险较大的生产型子分公司,这里我们只研究这种类型的子分公司年薪办法及其安全经济激励机制。

按照神华集团子分公司负责人年薪管理暂行办法规定,负责人指下列人员:① 子分公司董事长、总经理、党委书记。② 子分公司副董事长、副总经理、总会计师(财务总监)、总工程师、总经济师,党委副书记、纪委书记、工会主席。子分公司负责人均按照子分公司董事长年薪一定比例确定，而且子分公司负责人除年薪外，不得再从公司领取其他任何形式的工资、奖金、津贴、补贴、加班费等工资性收入和货币性福利。因此，了解了子分公司董事长年薪办法，等于研究清楚了子分公司整个经营班子的薪酬办法。下面重点研究子分公司董事长年薪办法中的安全经济激励机制。

4.1.1 煤炭板块子分公司董事长年薪办法

4.1.1.1 年薪构成

董事长年薪包括三部分：职务年薪、岗位绩效薪金和调节金。按如下公式计算。

$$年薪＝职务年薪＋岗位绩效年薪＋调节金 \qquad (4\text{-}1)$$

其中：

(1) 职务年薪标准由集团公司综合考虑集团公司整体薪酬水平以及薪酬管理规定中确定的有关比例关系等因素，按年度确定。

(2) 岗位绩效年薪是与公司规模、贡献、管理难度以及岗位责任、公司和个人的绩效相适应的薪酬单元。

(3) 调节金由集团公司根据若干因素进行调节确定。

董事长年薪的三部分中，职务年薪是底薪，固定不变；调节额由子分公司以外的因素综合决定；只有岗位绩效年薪由子分公司特点及经营业绩等因素决定，在一定范围内通过子分公司经营班子自身努力可以改变，属于变动因素。董事长年薪中和安全有关的部分包括在岗位绩效薪金内。

4.1.1.2 岗位绩效年薪

岗位绩效年薪计算公式如下：

$$岗位绩效年薪＝(职务年薪×企业系数＋安全责任期金)×年度绩效考核得分/100 \qquad (4\text{-}2)$$

其中：

(1) 企业系数根据子分公司的规模、贡献、管理难度等因素确定。

(2) 安全责任期金是体现各子分公司安全管理难度及安全责任大小的薪酬单元，其标准依据子分公司绩效考核办法中关于企业安全管理难度分类等因素确定(安全管理难度分类就是责任事故扣分表中的分类)。

(3) 年度绩效考核得分为集团公司按照绩效考核办法对子分公司进行年度考核后核算的分数。

岗位绩效年薪中职务年薪、企业系数、安全责任期金等固定，岗位绩效年薪额随着年度绩效考核得分变动而变动。要掌握岗位绩效年薪计算办法，还需要了解子分公司年度绩效考核办法。

4.1.1.3　年度绩效考核

子分公司年度绩效按照神华集团公司“五型企业”建设年度绩效考评暂行办法考核，年度绩效考评得分计算公式为：

年度绩效考评得分＝(年度绩效考核得分×90％＋年度绩效评价得分×10％)×90％＋述职得分×10％　(4-3)

年度绩效考核得分＝(本质安全型考核得分＋质量效益型考核得分＋科技创新型考核得分＋资源节约型考核指标得分＋和谐发展型考核指标得分)×经营难度系数＋奖励分－考核扣分　(4-4)

年度绩效评价得分＝本质安全型评价得分＋质量效益型评价得分＋科技创新型评价得分＋资源节约型评价得分＋和谐发展型评价得分　(4-5)

述职得分＝公开述职后测评结果　(4-6)

公式(4-4)中经营难度系数根据资产总额、净资产收益率、利润总额、营业收入、职工平均人数、安全生产管理难度等因素加权计算，分类确定。公式(4-4)、(4-5)中本质安全型考核得分和本质安全型评价得分均为 20 分。

4.1.2 煤炭板块子分公司董事长年薪办法中的安全经济激励机制

从年薪公式(4-1)、(4-2)可以看出,和安全有关的项目是安全责任期金和年度绩效考核得分中本质安全型相关考核得分及其所占比例。安全责任期金根据子分公司安全管理难度及安全责任大小确定,这里不再赘述。

4.1.2.1 本质安全型相关考核得分占年度绩效考核得分的比重

在年度绩效考核得分计算办法[公式(4-4)]和年度绩效评价得分计算办法[公式(4-5)]中,本质安全型分值均为 20 分;根据年度绩效考评得分计算办法[公式(4-3)],可以计算出本质安全型考核得分在年度绩效考评得分中所占比重是 18%①。年度绩效评价得分计算办法[公式(4-5)]主要侧重于过程控制,没有和安全生产结果挂钩,子分公司考核中这一项一般扣分不多。如果只考虑和安全生产结果有联系的考核内容,即按年度绩效考核得分计算办法中的本质安全型考核得分计算,可以计算出本质安全型考核得分在年度绩效考核中所占比重是 16.2%。

4.1.2.2 本质安全型相关考核得分满分时安全生产相关年薪

计算岗位绩效年薪[公式(4-2)]时,子分公司之间企业系数和安全责任期金不完全相同,为简化问题,我们设想企业系数为 1,假定安全责任期金等于职务年薪的 70%、100%、150%三种情况,可以测算出这三种情况下安全生产相关薪酬占董事长年薪的比重。

测算过程以安全责任期金等于职务年薪 70%为例进行说明。设职务年薪为 M,企业系数为 1,安全责任期金为职务年薪 70%,在忽略调节金情况下,根据公式(4-1)、(4-2),年薪计算公式可以

---

① 应用公式(4-3)的具体计算过程是:(本质安全型考核得分 20 分×90%+本质安全型评价得分 20 分×10%)×90%/100 分=18%。

简化为

$$年薪=M+(M+0.7M)\times 年度绩效考核得分/100 \quad (4\text{-}7)$$

假定企业五型绩效考核达到理想状况，即五型各项指标均为满分，年度绩效考核得分为100分；述职得分为100分；经营难度系数为1；没有奖励分和考核扣分，那么绩效评价得分为100分，根据公式(4-7)和公式(4-3)、(4-4)、(4-5)、(4-6)，则董事长年薪为

$$年薪=M+(M+0.7M)\times 100/100=2.7M \quad (4\text{-}8)$$

另外，本质安全型考核和评价均为满分即20分，根据公式(4-7)和公式(4-3)、(4-4)、(4-5)、(4-6)，则安全有关年薪是

$$安全相关年薪=(M+0.7M)\times(20\times 90\%+20\times 10\%)\times 90\%/100=0.306M \quad (4\text{-}9)$$

根据等式(4-8)和(4-9)，可以计算出在安全责任期金等于职务年薪70%情况下，安全有关年薪占年薪的比例为11.33%（$0.306M/2.7M\times 100\%=11.33\%$），该数字位于表4-1中第3列第2行。使用类似假定、计算公式和计算过程，可以得到表中其他数据。

表4-1　本质安全型考核满分时安全生产相关薪酬占年薪的比重

安全责任期金等于职务年薪比例/%	只考虑本质安全型考核得分	考虑本质安全型考核得分和评价得分
70	10.20	11.33
100	10.80	12.00
150	11.57	12.86

从表4-1可以看出有三个特点：

(1) 本质安全型考核范围大小对安全生产相关薪酬占年薪比重影响不大。只考虑本质安全型考核得分时，安全生产相关薪酬占子分公司董事长年薪的比重为10.20%～11.57%之间。考虑

本质安全型考核得分和评价得分两方面,安全生产相关薪酬占子分公司董事长年薪的比重为11.33%～12.86%。这两种考核范围对安全相关年薪的影响程度差别不大,较宽范围影响程度只增加1%左右。

(2) 安全责任期金高低对安全生产奖励力度没有明显影响,即安全责任期金大幅度增加,安全生产相关薪酬占年薪比重并没有明显增加。安全责任期金占职务年薪比例由70%上升到150%,增加了一倍多,在只考虑本质安全型考核得分情况下,安全生产相关薪酬占年薪比重由10.20%上升到11.57%,只增加了1.37%;在包括本质安全型考核得分和评价得分情况下,安全生产相关薪酬占年薪比重由11.33%上升到12.86%,增加了1.53%。

(3) 安全生产相关薪酬在年薪中比重并不大。在表4-1测试数据中,安全生产相关薪酬占年薪比重最高为12.86%,比10%略多一些。

4.1.2.3 死亡事故对年薪的影响

为了分解出死亡事故对年薪的影响,我们假设其他方面处于理想状态,只发生死亡事故。具体来说,就是除本质安全型考核之外的其他四型考核和年终述职测评均是满分。表4-2相关数据就是这种假设下发生不同死亡人数事故时的考核结果。具体计算过程如下:

(1) 若某子分公司年内发生死亡1人事故,按照《〈神华集团分子分公司生产本质安全管理体系评级办法(试行)〉修订意见》(以下简称修订意见),本质安全管理体系考核将被扣4分,即本质安全管理体系综合得分为96分。按照修订意见规定,当综合得分在90分及以上时,本质安全型考核得分=20分。

(2) 若死亡2人,本质安全管理体系考核将被扣12分,即本质安全管理体系综合得分为88分。按照修订意见规定,当综合得分在 50 分至 90 分之间时，本质安全型考核得分＝（本质安全管理体系综合得分－50）/2 计算，即死亡 2 人时子分公司本质安全型考核得分＝19 分。

（3）按照和死亡 2 人类似办法和计算程序，可以计算出死亡 3 人、4 人时子分公司本质安全型考核得分分别为 13 分、5 分。

（4）若死亡 5 人，本质安全管理体系考核将扣 60 分，即本质安全管理体系综合得分为 40 分。按照修订意见规定，当综合得分在 50 分及以下时，本质安全型考核得分＝0 分，即死亡 5 人时，本质安全型考核得分为 0 分。类似道理，死亡 6 人时，本质安全型考核得分为 0 分。上述计算的扣分和结果列在表 4-2 第 3 行、第 4 行。

另外，假定其他四型考核得分均为满分，五型企业的各型评价得分都为 20 分，年终述职得分也为 100 分；同时为了简化问题，我们假设经营难度系数为 1，没有其他奖励分和考核扣分，根据《神华集团公司年度绩效考评指标解释及计分办法》可以计算出子分公司在不同死亡人数下的五型企业绩效考核得分，见表4-2 第 5 行。

表 4-2　死亡事故与绩效考核分数

死亡人数	1	2	3	4	5	6
本质安全型考核中死亡责任事故扣分	4	12	24	40	60	100
本质安全管理体系综合得分	96	88	76	60	40	0
计算年薪时本质安全型得分	20	19	13	5	0	0
五型企业绩效考核得分	100.00	99.19	94.33	87.85	83.80	83.80

为了简化问题，我们进一步假设企业系数为1，并且假设安全责任期金等于职务年薪的70%，应用表4-2中第3列数据和公式(4-2)可以计算出发生死亡2人事故时董事长年薪；根据相同假定可以计算出死亡人数为零时的五型企业绩效考核得分，应用公式(4-2)计算出零死亡时董事长年薪。相对于零死亡年薪，死亡2人时董事长年薪下降0.51%，即表4-3中第2行第3列数字。使用同样假定、计算公式和计算过程，可以计算出死亡1人或多人时董事长年薪下降比例，具体结果见表4-3。

表4-3　死亡事故与董事长年薪降低比例　%

安全责任期金等于职务年薪比例/% \ 死亡人数	1	2	3	4	5	6
70	0.00	0.51	3.57	7.65	10.20	10.20
100	0.00	0.54	3.78	8.10	10.80	10.80
150	0.00	0.58	4.05	8.68	11.57	11.57

从表4-3可以看出有三个特点：

(1) 安全责任期金高低对发生死亡事故时的处罚力度基本没有影响，即发生死亡事故时安全责任期金高低对董事长年薪降低没有明显影响。从表4-3第2列可以看出，发生死亡1人事故，安全责任期金等于职务年薪的70%、100%、150%时，年薪均和零死亡时一样。发生多人死亡事故，安全责任期金高低对年薪变动影响也不大。

(2) 随着死亡事故增长，董事长年薪下降幅度不断增加。从表4-3第3行可以看到，在安全责任期金等于职务年薪的情况下，发生死亡1人、4人和5人事故时，董事长年薪将分别下降0%、8.10%、10.80%。

(3) 发生死亡事故后董事长处罚力度不高。从表 4-3 可以看出，发生死亡 3 人事故时，董事长年薪降低幅度最多只有 4.05%；发生死亡 5 人及以上事故时，本质安全型绩效考核得分为零，即经济处罚力度封顶时董事长年薪仅下降 11.57%，如此低的处罚力度不利于提高子分公司经营管理负责人对安全生产的重视程度。

综合上面分析我们认为，神华集团子分公司年薪计算办法中的安全经济激励机制具有以下特点：

(1) 目前年薪办法对调动董事长安全生产积极性有一定帮助。随着安全水平不断提高(死亡人数不断减少)，董事长年薪不断增加。

(2) 安全责任期金大小没有起到调节安全经济激励力度的作用。其原因是安全责任期金仅是岗位绩效年薪的一项，岗位绩效年薪占年薪的比例小于 100%；本质安全型与其他四型捆绑在一起考核并共同决定岗位绩效年薪多少[见公式(4-2)和公式(4-3)、(4-4)、(4-5)、(4-6)]，本质安全型考核占绩效考核比重不超过 20%，岗位绩效年薪占年薪比重和本质安全型考核占绩效考核比重相乘，使得安全生产相关年薪占年薪比重低于 20%。前面模拟数据说明在发生极端安全生产事故情况下，董事长年薪仅下降 10%左右。

(3) 缺少安全责任期金否决机制，经济激励威慑力不足。发生极端安全事故时，只减少岗位绩效年薪，且减少岗位绩效年薪数量占年薪的比例远低于安全责任期金占年薪的比例。

综上，优化煤炭板块子分公司负责人年薪中的安全经济激励机制，应该想办法增加安全责任期金的作用，并设置安全责任期金否决机制。

4.2 矿长年薪办法及其安全经济激励机制

4.2.1 矿长年薪办法

矿长年薪计算办法由神华集团公司统一规定。与子分公司经营班子成员年薪计算方式一样，矿内经营班子其他人员年薪以矿长年薪为基准，按一定比例计算。我们了解了矿长年薪计算办法，就等于知道了经营班子其他成员年薪计算办法。因此，我们依然是重点研究矿长年薪计算办法。按集团公司文件规定，矿长年薪包括职务薪金、岗位绩效薪金和安全责任期金，具体计算公式为：

$$\text{矿长年薪}=\text{职务薪金}+\text{岗位绩效薪金}+\text{安全责任期金} \tag{4-10}$$

$$\text{岗位绩效薪金}=\text{职务薪金}\times\text{企业系数}\times\text{岗位系数}\times\text{调节系数}\times\text{绩效考核得分} \tag{4-11}$$

其中：

职务薪金：同一职级相同，由集团公司统一确定。

岗位绩效薪金：是与矿井规模、贡献、管理难度以及岗位责任、绩效相适应的薪酬单元。集团公司每年按照统一指标计算。

安全责任期金：集团公司下达的矿长安全生产奖，以安全监察局下达为准。

企业系数：是根据矿井规模、贡献和管理难度等因素确定的权重，按照超率累退办法取值后换算而来。

岗位系数：体现岗位责任、能力等因素，

调节系数：体现矿井开采条件及生产能力等因素，由集团公司根据矿井井型和煤炭产量统一规定。

绩效考核得分：绩效考核得分＝实际绩效考核分数/100。

矿长年薪中职务薪金固定，主要起到基础和保障作用；岗位绩效薪金与煤矿自身经营管理特点和经营绩效相关，随着经营业绩变化而浮动；安全责任期金和煤矿安全管理难度和安全业绩相关。矿长年薪计算办法与子分公司董事长年薪计算办法相同点是都有一个固定的职务薪金；区别是矿长的安全责任期金单独拿出来和安全业绩挂钩，而子分公司董事长年薪是将安全责任期金和五型企业其他指标捆绑在一起考核，弱化了安全责任期金的功能。

4.2.2　矿长年薪办法中的安全经济激励机制

矿长年薪计算办法中的安全经济激励机制来自两个方面。一是计算岗位绩效薪金时的绩效考核。绩效考核主要是指五型企业绩效考核，其中包括本质安全型绩效考核。本质安全型绩效占五型企业绩效考核比例大小决定了岗位绩效薪金中有多少与安全有关。本质安全型绩效在五型绩效考核中比例越高，岗位绩效薪金中与安全相关的年薪比例越大，安全经济激励力度越大。二是安全责任期金即矿长安全生产奖。安全生产奖有三个特点：

(1) 安全生产奖没有和岗位绩效工资捆绑在一起，按照五型绩效考核结果综合计算[见公式(4-10)、(4-11)]。这是与子分公司负责人年薪计算办法最大的区别，克服了子分公司负责人年薪计算办法在安全经济激励方面的缺点，有利于强化安全生产奖对安全生产的激励作用。

(2) 安全生产奖高低根据煤矿安全生产复杂程度决定。目前考虑的因素有：自然地质条件，即瓦斯突出与否、冲击低压情况、瓦斯水平高低、水文地质条件等；生产作业方式，即正常采煤、基建、搬家到面、开拓准备等;针对露天煤矿生产,还区分了产量大小。上述因素基本反映了煤炭生产安全方面的特殊性。

(3) 坚持了安全生产一票否决制。发生死亡事故,安全生产奖全部取消,大大提高了安全生产奖的激励作用,对不重视安全生产行为具有很强的威慑作用。

矿长年薪计算办法包含了较强的安全经济激励机制,但是也两个地方需要完善。

一是没有发生死亡事故时安全生产奖应该与本质安全管理体系考核结果挂钩。目前安全生产奖主要是实行一票否决制,发生死亡事故取消奖励,零死亡则全额奖励。好处是增加了对发生死亡事故的处罚力度,提高了零死亡的奖励力度。但是死亡事故发生与否只是安全水平的一个表现,安全水平高低还可以用重伤事故发生次数、非人身伤害事故发生次数、安全管理体系是否健全和运转高效等来反映。目前井工矿本质安全管理体系考核由子分公司按季进行,集团公司按年进行,从管理体系建设和运行、瓦斯抽放、重伤事故、非人身伤害事故、隐患整改等方面动态和综合评价,考核结果比较全面地反映了煤矿的安全水平。我们认为除了继续实行安全生产奖死亡事故一票否决制外,还应该将没有发生死亡事故的煤矿矿长安全生产奖与本质安全管理体系考核结果挂钩,让安全生产奖随本安管理体系考核结果而浮动。这样既可以全面反映煤矿安全管理绩效,又可以推动本质安全管理体系的建设。

二是统计死亡人数和计算本质安全管理体系考核分数时,应该包括劳务工等其他用工形式工人。由于各种原因,劳务工等用工形式工人已经是井下工人的重要组成部分,在部分煤矿已经占到井下工人的多数,我们调查的准能公司两个露天矿和补连塔矿劳务工占井下工人比例均超过 60%(见表 4-4)。煤矿在使用劳务工过程中也是和正式工同等对待和相同管理，而且劳务工往往被分配到苦脏累等正式工不愿意干的岗位和工种。劳务工发生死亡或重伤事故，也是该矿安全管理水平的重要表现。部分煤矿由于成本压力和历史因素，没有使用劳务工。如果计算伤亡指标时不计算劳务工，就会在没有或使用较少劳务工与使用较多劳务工煤矿之间形成不公平，将挫伤没有或使用较少劳务工煤矿安全生产的积极性。

表 4-4　　2012 年井下人员及构成

煤矿	人数			劳务工占井下人员比重/%
	正式工	劳务工	合计	
利民	503	0	503	0.00
平沟	878	0	878	0.00
第一煤矿	803	0	803	0.00
雁南矿	980	0	980	0.00
金能	2 328	0	2 328	0.00
梅花井	1 343	831	2 174	38.22
补连塔	658	998	1 656	60.27
柳塔	574	446	1 020	43.73
上湾	487	593	1 080	54.91
哈尔乌素	164	943	1 107	85.19
黑岱沟	487	854	1 341	63.68

数据来源：根据调研资料整理。

第5章 子分公司对矿、矿对区队安全经济激励机制

子分公司对职工安全经济激励机制主要由安全风险抵押办法、安全结构工资办法、安全奖、“五型”企业绩效考核奖、本安体系建设奖励等构成。其中安全风险抵押和安全结构工资涉及金额最大,大多数职工按月考核和发放这两项奖励,对职工安全行为影响最大。为此,本章主要研究子分公司职工安全风险抵押办法和安全结构工资办法。

子分公司对职工安全经济激励机制分为三个层次,即子分公司对矿、矿对区队、区队内部。安全风险抵押办法一般由子分公司制定,直接规定发生事故后,受到处罚的人员范围和处罚金额,即同时规定了全矿、区队或个人三个层次的处罚要求。为了研究方便,下面研究安全风险抵押时没有区分矿、区队和个人三个层次。安全结构工资办法包括两个层次,即矿安全结构工资办法和区队安全结构工资办法,下面将分别介绍这两个层次的安全结构工资办法。

5.1 子分公司对矿安全风险抵押办法

安全风险抵押办法的基本形式是抵押周期期初管理人员或工人根据规定的标准向财务部门存入一笔抵押金，抵押期内若没有发生抵押办法规定的事故或违章行为，管理人员或工人在期末将返回抵押金，并得到和抵押金相等或不等的奖金；如果发生事故或违章行为，将根据事故或违章行为严重性，在抵押期内被取消奖金或扣除抵押金。

我们先介绍目前各子分公司现行安全风险抵押办法基本特征，其次应用安全经济激励机制理论分析目前子分公司实行的安全风险抵押办法的优点和不足。

5.1.1 安全风险抵押办法主要特征

一个完整的安全风险抵押办法包括抵押人员范围、抵押周期、抵押标准和奖罚条件这四个方面。下面按照这四个方面分别叙述安全风险抵押办法基本特征。

5.1.1.1 抵押人员范围

抵押人员范围可以从不同角度观察。我们从用工形式、涉及单位范围、不同岗位人员范围等三个角度来考虑。

(1) 不同用工形式

神华集团四个子分公司中只有神东公司将劳务工纳入安全风险抵押办法。根据我们调研了解，其他三个子分公司没有将劳务工纳入的原因是缺乏工资额度，神东公司的解决办法是劳务工抵押奖金由劳务费另外拨付。

(2) 涉及单位

各子分公司抵押人员涉及单位范围不同，具体情况见表5-1。神东公司抵押人员范围较窄，主要涉及生产单位和公司机关中的生产和安全管理部门；其他子分公司将销售、物资供应等和安全生产没有直接关系的单位和部门也包括在内。

表5-1　子分公司抵押单位分布情况

公司	单位范围
神东	煤矿、生产服务中心、开拓准备中心、洗选中心；地测公司探放水队、井下测量全体人员；公司生产管理部、机电管理部、工程管理部、总调度室、通风管理部、安监局入井及包片人员
宁煤	煤矿、煤矿建设处、洗煤厂、水电公司、建设工程公司、物资公司、销售公司和其他单位及集团机关
乌海	煤矿、煤化工、洗煤厂及电厂、公司机关和下属中心
准能	黑岱沟露天矿、哈尔乌素露天矿、选煤厂、设备维修中心、矸电公司、大准铁路公司、基建工程管理中心、炸药厂、氧化铝中试厂、公用事业公司、房屋物业管理公司、供电公司、黑岱沟实业公司、煤炭经销公司、物资供应处、信息处、行政处、公司机关（安监局、生产指挥中心、生产技术部、机械动力部、工程管理部、人力资源部、公司团委、工会）

数据来源：根据调研资料整理。

（3）不同岗位人员

宁煤、乌海、准能公司抵押人员范围包括二级单位所有人员和机关相关部门人员。神东公司抵押人员范围相对较窄一些，只包括煤矿、生产服务中心、开拓准备中心、洗选中心助理及以下全体人员；地测公司探放水队、井下测量全体人员；公司生产管理部、机电管理部、工程管理部、总调度室、通风管理部、安监局入井及包片人员。

5.1.1.2　抵押周期

神东公司管理人员和工人抵押周期均为一年；宁煤公司管理

人员和工人抵押周期均为月；乌海公司管理人员抵押周期为半年，工人为月；准能公司管理人员抵押周期为季度，工人为年。具体情况见表 5-2。

表 5-2　　子分公司安全风险抵押周期

公司	管理人员	工人
神东	一年	一年
宁煤	月	月
乌海	半年	月
准能	季	年

数据来源：根据调研资料整理。

5.1.1.3　抵押标准

各子分公司的一般做法是将不同岗位抵押标准分为三个梯队：

第一梯队为矿级领导，包括矿长、矿党委书记、副矿长、总工、副总工等。矿班子成员抵押金一般以矿长为基准，根据岗位安全风险责任大小按比例递减。

第二梯队为机关和区队管理人员。其中矿主要职能部门（生产、安全、机电等部门）主管和井下采掘区队长为该梯队抵押标准缴纳基准，矿其他机关（人事、工会等部门）主管、井下辅助区队主管、井上区队主管根据岗位安全风险责任大小按比例递减。这些部门的非主管人员抵押标准再以本单位主管为基准进一步递减。

第三梯队为操作工人（包括班长）。一般以井下采掘工人抵押标准为基准，井下辅助区队工人、井上辅助区队工人、后勤人员等依次按比例递减。班长抵押金和同岗位工人一般是同一个级别，有些煤矿略有增加，有些煤矿两者相同，并没有统一的模式。

为便于比较，我们将抵押标准统一按月计算，表 5-3 是各子分公司抵押标准。子分公司之间比较，乌海公司矿级正职抵押标准最高，为 12 500 元/月；神东公司采掘区队长和采掘班组长抵押标准最高，分别为 3 000 元/月、1 500 元/月；乌海和宁煤公司采掘工人抵押标准最高，均为 5 00 元/月；准能公司各类人员抵押标准在各子分公司中都是最低的。

各子分公司内部各岗位之间抵押标准相差也较大。乌海公司矿正职与工人之间比值最高，为 25∶1；神东公司区队长、班组长与工人之间差距最大，为 10∶5∶1。详细情况见表 5-3。

表 5-3　子分公司抵押标准　元/月

公司	矿正职	采掘区队长	采掘班组长	采掘工人	矿正职∶区队长∶班组长∶工人
乌海	12 500	2 000	800	500	25∶4∶1.6∶1
神东		3 000(税后)	1 500(税后)	300(税后)	—∶10∶5∶1
宁煤	5 000	1 000	500	500	10∶2∶1∶1
准能	417	250	167	83	5∶3∶2∶1

数据来源：根据调研资料整理。

各子分公司煤矿的各不同梯队之间的抵押标准差距，可以反映出各子分公司安全经济激励重点的不同。乌海和宁煤公司所属煤矿安全风险抵押重在激励领导班子，其第一梯队和第二梯队之间的抵押金差距约在 5～6 倍之间，矿领导班子的抵押金远高于区队长；而第二和第三梯队(即区队长和工人)之间的差距较小些，抵押金差距约在 2～4 倍之间。

神东公司安全风险抵押重在激励中层管理人员，区队长抵押金普遍明显高于乌海和宁煤公司各矿。

准能公司下属露天矿整体抵押标准明显低于其他子分公司，年度抵押标准只相当于其他子分公司月度抵押标准。另外，露天煤矿不同岗位级别的抵押标准没有明显的梯度。这表明安全风险抵押办法在该子分公司并没有得到强化，对安全的激励力度有限。

同一梯队的不同岗位，其抵押标准相对于基准岗位按比例递减，反映出各岗位风险责任的大小。下面以白茇沟煤矿为例比较同一梯队岗位的不同抵押标准递减情况。

从表 5-4 可以知道，白茇沟煤矿同一岗位正职与副职的月抵押金比例为 1∶0.8；涵盖范围较广的第二梯队中，采掘区队、井下辅助、地面辅助、机关、后勤区队同级别管理人员的月抵押金比例为 1∶0.8∶0.6∶0.5∶0.4。白茇沟煤矿的情况在所调查煤矿中具有典型性，其他井工煤矿比例虽略有不同，但基本格局差别不大。

表 5-4　　白茇沟煤矿安全生产风险抵押标准

岗位			职级	月度抵押标准/元
管理人员	第一档	矿领导班子	正职	5 000
	第二档	矿领导班子	副职	4 000
		副总		1 200
	第三档	井下采掘区队负责人	正职	1 000
			副职	800
		采掘区队技术员	一般管理	600
	第四档	井下辅助区队负责人	正职	800
			副职	640
		辅助区队技术员	一般管理	500
	第五档	地面生产区队（车间）负责人	正职	600
			副职	500
	第六档	机关生产科室负责人	正职	500
			副职	450
	第七档	机关其他科室负责人	正职	500
			副职	450
	第八档	后勤、服务区队负责人	正职	400
			副职	300
	第九档	机关科室井下技术员		300
		一般管理人员（含地面技术员）		300

续表 5-4

岗位			职级	月度抵押标准/元
生产人员	第一档	井下采掘生产人员		500
		井下采掘工长		600
		井下采掘班长		550
	第二档	井下辅助生产人员		400
		井下辅助工长		500
		井下辅助班长		450
	第三档	地面生产人员		300
		地面生产班长		400
	第四档	服务人员		200

数据来源：根据调研资料整理。

总体而言，劳务工安全风险抵押的实施范围和实施力度均很小。从实施范围来看，实地调查 5 个子分公司中，真正对劳务工实施安全风险抵押的只有神东公司。表 5-5 所列为神东公司上湾煤矿和补连塔煤矿的合同工与劳务工抵押标准，可以看出，合同工和劳务工的抵押标准差距显著，后者的抵押标准不到前者的一半。

表 5-5　合同工与劳务工安全风险抵押金标准对比　元/月

煤矿	采掘区队		辅助区队	
	合同工	劳务工	合同工	劳务工
上湾	1 500	500	1 200	400
补连塔	500	200	1 000	100

数据来源：根据调研资料整理。

5.1.1.4　奖励和处罚条件

各子分公司奖励和处罚条件不完全相同，同一个子分公司管理人员和操作工人奖励和处罚条件也不相同。

(1) 安全生产的奖励

奖励条件具有四个特点:① 4 个子分公司都有“连坐”条款,只要矿内发生死亡事故,无论是否是本单位发生死亡事故,所有人均将受到处罚,取消安全风险抵押奖励。② 4 个子分公司均将死亡事故作为奖励否决指标;另外,神东、宁煤、准能公司还将重伤作为区队管理人员或全矿奖励否决指标。③ 工人奖励条件更严格。宁煤和乌海公司将工人是否有“三违”行为作为奖励的否决条件。④ 神东和宁煤公司将区队管理人员奖励条件与科室机关管理人员区分开来,区队管理人员奖励条件更严格,将重伤和责任事故是否发生作为区队管理人员的奖励条件。奖励条件详细情况见表 5-6、表 5-7。

表 5-6　　管理人员奖励条件

公司	区队管理人员	科室管理人员
神东	1. 本区队没有发生 1 人次重伤; 2. 其他区队没有发生 1 人次死亡或 2 人次重伤事故; 3. 本区队累计造成直接经济损失 100 万元以上非人身责任事故	全矿没有发生 2 人及以上死亡事故
宁煤	1. 本区队没有发生重伤事故或重大非伤亡事故; 2. 本班组没有发生性质严重的非伤亡事故; 3. 没有发生瓦斯超限、冒顶、跑车事故; 4. 没有发生工伤事故不及时汇报或发生事故隐瞒不报; 5. 全矿没有发生死亡事故	没有发生死亡事故

续表 5-6

公司	区队管理人员	科室管理人员
乌海	矿井没有发生死亡事故	矿井没有发生死亡事故
准能	1. 季度内不发生重伤及以上事故； 2. 季度内不发生一般 C 类“三违”及以上责任事故； 3. 季度考核得分在 85 分以上（不含 85 分）的	1. 季度内不发生重伤及以上事故； 2. 季度内不发生一般 C 类“三违”及以上责任事故； 3. 季度考核得分在 85 分以上（不含 85 分）的

数据来源：根据调研资料整理。

表 5-7　工人奖励条件

公司	工人
神东	1. 本区队没有发生 1 人次重伤； 2. 其他区队没有发生 1 人次死亡或 2 人次重伤事故； 3. 本区队累计造成直接经济损失 100 万元以上非人身责任事故。
宁煤	1. 本人没有发生 B 类“三违”； 2. 本人没有发生轻伤； 3. 没有发生性质严重的非伤亡事故； 4. 本班组没有发生重伤或重大非伤亡事故； 5. 出勤达到规定天数； 6. 全矿没有发生死亡事故
乌海	1. 本人当月没有发生“三违”； 2. 当月班组没有发生重伤事故； 3. 本矿没有发生死亡事故
准能	全年无责任事故

数据来源：根据调研资料整理。

（2）安全事故处罚力度和范围

各子分公司均按照事故大小确定处罚人员范围和处罚力度，

一般规律是事故越严重,处罚范围和处罚力度越大。“三违”和轻伤事故通常只处罚责任人,重伤和非人身伤害事故处罚范围一般涉及事故班组和事故区队其他人员,个别子分公司还处罚其他区队相关人员;死亡事故处罚均涉及全矿所有人员。处罚范围详细情况见表5-8。

各子分公司对严重“三违”和多次“三违”,将扣除“三违”人员抵押本金;轻伤事故责任人将被扣除抵押本金;重伤事故班组相关人员从重处罚,事故区队其他人员处罚力度较轻;非人身伤害事故根据事故严重程度不同,处罚力度不同,处罚办法类似于重伤;发生死亡事故,部分子分公司对事故区队处罚力度较大,部分子分公司对全体人员处罚力度均相同。处罚详细情况见表5-9、表5-10、表5-11、表5-12、表5-13。

表5-8　安全风险抵押办法处罚人员范围

公司	“三违”	轻伤		重伤			非人身伤害			死亡
	违章人	责任人	事故区队管理人员	事故班组	事故区队其他人员	其他区队人员	事故班组	事故区队其他人员	其他区队人员	全体人员
神东	—	—	—	√	√	√	√	√	√	√
宁煤	√	√	√	√	√	—	√	√	—	√
乌海	√	—	—	√	—	—	—	—	—	√
准能	√	—	—	√	√	√	√	√	√	√

数据来源:根据调研资料整理。

表5-9　安全风险抵押中“三违”处罚情况

公司	“三违”处罚情况
神东	无奖惩
宁煤	A类“三违”人员,扣除月度安全风险抵押本金; B类“三违”人员,扣除当月安全风险抵押金兑现奖; C类“三违”人员,扣除当月安全风险抵押金兑现奖的20%

续表 5-9

公司	“三违”处罚情况
乌海	当月本人发生一次“三违”,不兑现全员安全生产风险抵押金; 当月本人发生两次“三违”,扣除全员安全生产风险抵押金本金
准能	无奖惩

数据来源:根据调研资料整理。

表 5-10　安全风险抵押中轻伤处罚

公司	轻伤处罚情况
神东	各矿自行制定办法
宁煤	1. 井下事故区队管理人员扣除当月安全风险抵押金兑现奖 50%,事故责任人扣除安全风险抵押金; 2. 地面事故单位扣除事故班组所有人员当月安全风险抵押金兑现奖 50%;事故责任人扣除安全风险抵押本金
乌海	无奖惩
准能	无奖惩

数据来源:根据调研资料整理。

表 5-11　安全风险抵押中重伤处罚

公司	事故班组	事故区队其他人员	其他区队人员
神东	本班班长、带班队干部年度抵押金全部扣除	事故区队其他参抵人员、当班安监员年度安全风险抵押奖励不予兑现	其他区队(车间、班组)所有参抵人员年度安全风险抵押奖励额扣除 20%
宁煤(金能)	分两种情况: 1. 井下事故:事故班组全体人员(含跟班干部)当月安全风险抵押金扣除; 2. 地面事故:事故班组全体人员扣除抵押金	分两种情况: 1. 井下事故:事故区队管理人员扣除当月安全风险抵押金兑现奖;包保小分队成员扣除当月安全风险抵押金兑现奖; 2. 地面事故:事故单位其他人员同样扣除抵押金	

续表 5-11

公司	事故班组	事故区队其他人员	其他区队人员
乌海	只处罚事故班组工人，扣除本班组所有个人抵押金		
准能	分两类人员： 1. 区队及以上管理人人员：扣除事故责任人季度抵押金； 2. 工人（黑岱沟矿）：扣除事故班组长抵押金；扣除责任工人抵押金	分两类人员： 1. 区队及以上管理人员：扣除事故单位其他人员季度安全风险抵押奖励金； 2. 工人（黑岱沟矿）：没有奖罚	

数据来源：根据调研资料整理。

表 5-12　　安全风险抵押中非人身伤害事故处罚

公司	非人身事故 1	非人身事故 2	非人身事故 3
神东	标准：累计造成直接经济损失 50 万元。 1. 当班班长及带班队干部年度安全风险抵押奖励额扣除 40%； 2. 该区队（车间、班组）其他班组长及以上参抵人员、当班安监员年度安全风险抵押奖励额扣除 20%	标准：累计造成直接经济损失 50 万元以上、100 万元以下。 1. 当班班长及带班队干部年度安全风险抵押奖励额扣除 50%； 2. 该区队（车间、班组）其他班组长及以上参抵人员、当班安监员年度安全风险抵押奖励额扣除 30%	累计造成直接经济损失 100 万元以上。 1. 该区队（车间、班组）全体参抵人员、当班安监员安全风险抵押本金全部扣除； 2. 与事故发生有直接或间接关系的其他区队（车间、班组）参抵人员安全风险抵押奖励额扣除 80%； 3. 其他区队参抵人员安全风险抵押奖励额扣除 60%

续表 5-12

公司	非人身事故 1	非人身事故 2	非人身事故 3
宁煤（金能）	性质严重的非伤亡事故，分两种情况。 1. 井下单位：事故班组全体人员（含跟班干部）当月安全风险抵押金扣除；事故区队管理人员扣除当月安全风险抵押金兑现奖的30%；包保小分队成员扣除当月安全风险抵押金兑现奖的20%； 2. 地面事故：事故单位全体人员扣除抵押奖金	重大非伤亡事故，分两种情况。 1. 井下事故：事故班组全体人员（含跟班干部）当月安全风险抵押金扣除；事故区队管理人员扣除当月安全风险抵押金兑现奖；包保小分队成员扣除当月安全风险抵押金兑现奖； 2. 地面事故：事故单位全体人员扣除抵押金	
乌海	无	无	无
准能	一种情况：季度内发生一般C类“三违”及以上责任事故。 1. 区队及以上管理人人员：扣除事故责任人季度抵押金；扣除事故单位其他人员季度安全风险抵押奖励金； 2. 工人（黑岱沟矿）：扣除事故班组长抵押金；扣除责任工人抵押金		

数据来源：根据调研资料整理。

表 5-13　　安全风险抵押中死亡事故处罚

公司	死亡1人	死亡2人及以上
神东	事故区队(车间、班组)所有参抵人员年度安全风险抵押本金全部扣除； 其他区队(车间、班组)参抵人员年度安全风险抵押金奖励额不予兑现	事故单位所有参抵人员年度安全风险抵押本金全部扣除
宁煤(金能)	全体人员抵押金扣除	同“死亡1人”
乌海	1. 扣除事故区队管理人员的全员安全生产风险抵押金； 2. 矿井所有管理人员不兑现全员安全生产风险抵押金； 3. 当月发生责任死亡事故，扣除矿井所有操作人员全员安全生产风险抵押金本金	扣除矿井所有管理人员的全员安全生产风险抵押金本金
准能	分两类人员： 1. 区队及以上管理人人员：扣除事故责任人季度抵押金；扣除事故单位其他人员季度安全风险抵押奖励金； 2. 工人(黑岱沟矿)：扣除事故班组长抵押金；扣除责任工人抵押金	同“死亡1人”

数据来源：根据调研资料整理。

5.1.2　子分公司对矿安全风险抵押办法分析

5.1.2.1　抵押范围

从第2章中安全风险抵押办法经济激励机制理论知道，当某个人的行动对安全有影响，对他的行为结果进行奖励和处罚，才能激励这个人事前采取有利于安全生产的行动。如果某人的行为对安全生产没有影响，将安全生产结果与他的奖金挂钩，那么他只能听天由命，靠运气来获得奖金或被处罚，他们得到奖金或被处罚均不公平。因此,和安全生产没有联系或联系不大的人员,不应该纳入安全风险抵押办法,实行全员安全风险抵押并不科学,应该将安全风险抵押人员限制在和安全生产有关的人员范围内。

神华集团4个子分公司中神东公司安全风险抵押人员范围比较科学,没有实行全员安全风险抵押,只将和安全生产有关人员纳入安全风险抵押范围,而且将劳务工也纳入安全风险抵押范围。其他3个子分公司均实行正式工全员抵押,没有将劳务工纳入抵押,详细见表5-1。劳务工大多数在危险程度比较高的一线岗位工作,他们的行为对安全生产有直接影响,将他们排除在安全风险抵押办法之外,无疑会减少对他们安全生产的激励,增加安全隐患。

5.1.2.2 抵押周期

从安全奖励和事故罚款最优解公式(2-4)、(2-5)知道,考核周期长短主要涉及增加安全上的劳动投入、安全水平提高幅度(p_1-p_2)。

对管理岗位、特别是领导岗位的管理人员来说,在安全上实施一项改革或采取手段加强管理,影响全矿或部分区队相关人员,短期内效果很难体现出来。例如,安全管理部门设计一个减少安全隐患方案,从制订到执行,需要比较长的时间。对管理人员而言,考核周期太短、安全水平提高幅度(p_1-p_2)不明显,要达到一定激励效果,必须大幅度增加安全奖励和事故罚款,否则没有效果。神东和乌海公司将管理周期设置为一年和半年比较合理(见表5-2)。

对一般工人来说,与管理人员正好相反,在安全上增加投入,只影响本岗位,对当班安全生产有明显影响,发挥作用时间较短。例如,某支架工在某个上班时间严格按照作业规程移动支架,他的劳动只对当班顶底板安全性带来影响。考核周期过长(例如一年),他的这个安全投入对安全水平提高幅度(p_1-p_2)影响反而不明显。因此,对工人来说,考核周期延长,需要大幅度增加奖罚力度才有效果。宁煤和乌海公司对工人考核周期为月，比较合理。神东和准能公司将工人考核周期设定为年，不太合理（见表5-2）。

5.1.2.3　抵押标的

安全风险抵押标的选择，首先应该考虑该抵押标是否反映了抵押人员或抵押团队采取了不安全行为。理论上讲，大事故、小事故都证实工人采取了不安全行为，应该给予同样处罚。但是，目前所有煤矿安全风险抵押办法和安全结构工资办法中处罚与否、处罚力度都和事故大小挂钩，共同特点是大事故处罚较重，小事故处罚较轻。工人即使采取了不安全行为，如果出了小事故，被处罚的力度也会较轻，这样容易鼓励工人碰运气的思想。

其次，应该考虑该抵押标的信息是否容易被隐瞒。例如，若将轻伤作为个人或班组安全风险抵押标的之一，则发生轻伤就说明该班组或个人在安全生产方面确实存在问题，应该受到处罚。但是个人或团队其他成员在知道报告轻伤事故将导致自己或班组受到处罚时，有可能作出不报告轻伤事故选择。隐瞒情况长期持续下去，将导致企业及时发现事故隐患的机会减少，埋下发生更大事故的祸根，这对企业和工人的长期利益都不利。

5.1.2.4　抵押标准

为便于考核，管理人员安全风险抵押时主要和百万吨死亡率指标挂钩；工人挂钩指标更宽，一般包括“三违”、轻伤、重伤、非人身伤害责任事故和事故指标。与管理人员相比，用更宽泛指标衡量工人的安全生产后，工人安全生产概率更低，安全上增加同样投入，工人的安全生产水平提高幅度更大，因此，奖励和处罚金额较低也可以起到激励作用；另外，工人在其他地方工作的收入低于管理人员。这两个方面共同决定了管理人员抵押标准应该高于工人。神华集团4个子分公司确定各类人员抵押标准时，均体现了管理人员抵押标准高于工人的原则，但是准能公司管理人员和采掘工人抵押标准明显低于其他子分公司，抵押标准明显偏低。另外，抵押金标准应该随着工资水平提高而增加，部分的公司抵押标准长期不变，没有随着工资水平的变化而改变，激励效果将受到影响。详细情况见表5-3。

5.1.2.5 奖罚是否应该对等

各个子分公司安全风险抵押奖罚标准基本上可以概括为：没有发生安全事故，参与抵押人员可以得到和抵押标准相同的奖励；发生事故，直接责任人将被处以和抵押标准相同的罚款，其他人员根据不同情况受到相应处罚。为什么要奖罚对等，依据是什么，之前并没有进行过深入研究。本书安全经济激励理论部分的模拟研究证实，20世纪80年代末期安全水平不高，实行奖罚对等具有一定合理性；20多年后的今天安全水平已经提高若干倍，工人即使正常生产，不增加额外安全投入，安全事故发生概率也很低，工人从安全风险抵押办法中获取奖励的概率大幅度提高，安全生产积极性大幅度下降。因此，必须调整奖罚策略，减少奖励，增加处罚力度，或者在奖励力度不变情况下，增加处罚力度，才能鼓励工人增加安全投入。

5.1.2.6 奖励和处罚条件——"连坐"的合理使用

各子分公司设置的安全风险抵押奖励和处罚条件，有两个明显特征：一是工人奖罚条件比管理人员奖罚条件宽泛；二是重伤及以上事故奖罚时使用"连坐"。第一个特征前已述及，这里不再展开讨论。

各子分公司在"连坐"方面的基本特点是：

(1)"三违"或轻伤事故，只奖罚责任人，不"连坐"其他人；

(2) 重伤事故，除处理责任人外，还要处罚当班其他人员和非当班的区队管理人员；

(3) 死亡事故，除处理责任人外，还要"连坐"整个区队和全矿,事故越严重,“连坐”范围越宽。

为什么要使用“连坐”这种连带责任形式呢？使用“连坐”的好处是将安全生产过程看成是一个系统工程,管理人员不可能时刻对所有环节上的所有人员进行监督,采用“连坐”形式可以鼓励人们在自身重视安全生产的同时相互帮助、相互监督,一定程度上弥补了监督上的漏洞。

“连坐”也存在以下三个局限：

一是将安全上联系不紧密的人员实行“连坐”,使其自身在安全生产上的经济利益受到无法控制的其他人员行为的影响,将抑制其自身重视安全生产的积极性。“连坐”的前提是人们可以相互帮助和相互监督。在目前煤矿生产过程中,同一个班次的同一采煤或掘进工作面内的工人相互了解、相互帮助和相互监督可能性比较大；但是由于煤矿井下生产战线非常分散,从事掘进的工人和从事采煤的工人在工作期间基本上没有相互接触的机会,很难有相互监督的可能。若将掘进工作面工人的安全奖罚与采煤工作面安全好坏相联系,则掘进工作面工人对采煤工作面安全好坏无能为力。如果挂钩部门过多,掘进工作面工人会发现,自己安全奖励除了取决于自己的努力外,还取决于许多自己无法左右的其他因素,即使自己努力了,也可能因为其他部门人员不重视安全而受到处罚,安全上的努力能否取得回报要靠碰运气,要看其他部门是否发生事故,这将挫伤掘进工作面工人在安全生产上的积极性。类似道理,挂钩部门越多,工人安全生产动力下降越多。

二是“连坐”人员越多,激励办法同时调动所有人员安全生产积极性越是困难,激励效果越差。将很多人进行“连坐”,只要有一人出现事故,其他人都会受到处罚,这要求所有人员同时重视安全；要求所有人同时重视安全,需要同时满足所有人员在经济激励上的不同要求。诺贝尔经济学奖获得者布坎南和他的同事

(Buchanan 和 Yoon,2000)从理论上证明①,在这种情况下“连坐”人员趋于提出比平时更高的补偿要求,企业很难满足这些人员的不合理要求,这种情况下“连坐”人员将减少安全上的投入,安全生产将受到影响。

三是“连坐”可能鼓励团队成员隐瞒事故。行为心理学家认为,安全奖罚如果和团队整体事故率联系在一起,那么某人因事故受伤将导致团队全体人员受到处罚。如果伤害不严重或事故容易隐藏,团队全体人员将倾向于隐瞒事故以获得奖金②③。如果隐瞒行为没有被发现或被处罚,将鼓励人们今后采取类似隐瞒事故行为。长此以往,人们可能形成这样看法:没有必要改进安全水平,企业领导只关心安全数字,并不关心安全本身。一旦形成这种看法,将对企业安全带来严重隐患。但是行为心理学家也承认,根据行为本身进行奖罚操作比较繁杂,按事故发生与否决定奖罚操作起来比较简单;工人感受到企业重视安全,在设计合理的情况下根据结果决定奖罚的安全经济激励办法也是可行的。由于存在激励隐瞒事故的可能,美国职业安全和健康署甚至不支持企业实行与安全结果相联系的各种形式的经济激励办法,于 2011 年 6 月④、2012 年 3 月分别以备忘录的方式重申了不支持的理由⑤。美国职业安全和健康署认为,

① James M. Buchanan, Yong J. Yoon: *Symmetric Tragedies: Commons and Anticommons*. Journal of Law and Economics, April 2000, 43(1), p1-14.

② Geller E. Scott: *The Truth about Safety Incentives*, Professional Safety. Oct 1996, 41(10), p34-38.

③ Dominic Cooper: *Psychology, Risk & Safety*, Professional Safety. November 2003, 48(11), p39-46.

④ 2011 年 6 月 29 日, MEMORANDUM SUBJECT: *Revised VPP Policy Memorandum # 5: Further Improvements to the Voluntary Protection Programs (VPP)*. https://www.osha.gov/.

⑤ 2012 年 3 月 12 日, MEMORANDUM SUBJECT: *Employer Safety Incentive and Disincentive Policies and Practices*. https //www.osha.gov/.

当管理者或安全监管者的奖金和报告的事故率挂钩，或者当雇员、生产团队或全体雇员的奖金和报告的事故率挂钩时，雇员报告受伤事故可能会受到处罚，有可能导致隐瞒事故现象。隐瞒事故将导致雇主不能及时了解工人受到伤害的原因，不能及时消除安全生产隐患，将增加工人受到伤害风险。另一方面，由于隐瞒事故，受伤工人可能得不到适当的救治，相关工伤福利也可能不能享受。美国职业安全和健康署认为，如果安全结果"连坐"奖罚人员范围足够广，奖罚力度比较大，企业将违反相关法律。

这三个局限性在实践中已经得到验证。"连坐"这种集体性惩罚制度最早在战国时代的秦国就被商鞅推行了，随后各朝代不断使用。根据古代实施"连坐"制度情况看，要保证制度有效性，"连带"范围不能过大，十人左右的"保甲"制度就是一个根据经验得到的最优规模(张维迎、邓峰，2003)①。澳大利亚学者 Andrew Hopkins 和 Joanne Palser 对澳大利亚新南威尔士 1980～1981 年 26 个井工矿的数据进行分析后发现，生产组织规模越大，工人在安全生产上的自觉性越小(Andrew Hopkinst 和 Joanne Palser，1987)②。实践中瞒报现象也确实存在，例如 2007 年 11 月媒体报道，美国加州最大核电站 San Onofre Nuclear Generationg Satation 的管理人员为了得到安全奖，从 1998 到 2007 年期间故意隐瞒事故③。

综上所述，我们认为"连坐"范围不能太大，各类人员合理的"连坐"范围应该是：① 最好将"连坐"范围限制在本班组；② 区队

---

① 张维迎，邓峰：《信息、激励与连带责任——对中国古代连坐、保甲制度的法和经济学解释》，载《中国社会科学》2003 年第 3 期，第 99-112 页。

② Andrew Hopkins，Joanne Palser：*The Causes of Coal Mine Accidents*. Industrial Relations Journal，Spring 1987，18(1)，p26-39.

③ *Nuke Plant Hid Injuries to Win Safety Bonuses*. Industrial Safety & Hygiene News，Jan 2007，41(1)，p10.

管理人员奖罚和与本区队直接或间接相关的事故联系;③ 矿职能部门管理人员奖罚主要和与本部门直接或间接相关的事故相联系;④ 矿经营班子主要和本矿安全事故相联系。

建议取消目前广泛使用的死亡事故与全矿所有人员安全奖罚"连坐"的做法,将死亡事故奖罚"连坐"限制在直接或间接责任班组,避免与死亡事故不相关人员受牵连的现象,减少"连坐"带来的负面效应。

特别是不应该将后勤、服务等和安全关系不大的人员纳入抵押范围,这些人员能否受到奖励或处罚,完全是碰运气,和他们的安全投入几乎没有关系。

5.1.3 主要结论

通过以上分析并总结各子分公司实践经验,我们得到以下结论:

第一,实行全员安全风险抵押并不科学,和安全生产没有联系或联系不大的人员不应该纳入安全风险抵押办法;抵押人员应该包括劳务工。

第二,管理岗位、特别是领导岗位的管理人员,抵押周期应该持续较长的时间;工人抵押周期不宜过长。目前部分公司将管理人员考核周期设置为半年或一年,将工人考核周期设置为月的做法比较合理。

第三,选择抵押标的应该同时考虑两个条件;一是该标的发生是否反映抵押人员采取了不安全行为;二是该标的出现后是否容易被抵押人员隐藏。应该选择反映抵押人员采取了不安全行为和不容易被隐藏的标的。

第四,管理人员抵押标准应该高于工人,并且抵押标准应该随着工资水平的提高而及时调整。

第五，奖罚不一定要对等，可以适当增加处罚力度。

第六，“连坐”范围不宜太大，工作上存在密切合作关系、可以相互监督的团队内部实行“连坐”效果比较好。

5.2 安全结构工资办法

安全结构工资办法是将煤矿职工工资总额的一定比例或一部分与安全业绩挂钩，根据安全业绩好坏决定挂钩部分发放的数量。将安全业绩与工资挂钩，目的是从经济上激励人们重视安全生产。安全结构工资办法的经济激励机制与安全风险抵押办法类似，差别主要是安全结构工资只是拿出当期工资的一部分与安全业绩挂钩，安全风险抵押办法是事前拿出一部分收入与安全业绩挂钩，因此，本部分不再讨论安全结构工资办法的内在激励机制。安全结构工资分为两个层次，一是子分公司对矿安全结构工资办法；二是矿对区队安全结构工资办法。这两个办法有一些重叠，子分公司制定对矿安全结构工资办法时，一般都规定了发生各类事故对全矿、事故区队和责任人处罚办法；各矿制定区队安全结构工资办法都遵循了子分公司办法中发生各类事故时对事故区队和责任人处罚规定，同时增加了区队安全结构工资比例和其他挂钩指标等内容。为便于比较，下面分别介绍子分公司对矿、矿对区队安全结构工资办法。

5.2.1 子分公司对矿安全结构工资办法

我们从适用范围、安全结构工资标准、考核周期和考核办法这四个方面介绍子分公司对矿安全结构工资办法的主要内容并给予分析。

5.2.1.1 适用范围

神华集团4个子分公司中，有3个子分公司将安全结构工资办法应用于所有单位和所有正式工，只有宁煤公司将安全结构工资办法应用于和安全生产直接相关的单位（生产单位、煤矿筹建处和建井工程处），并且规定只应用于井下采掘人员和井下辅助人员（见表5-14）。我们认为宁煤公司的办法比较合理，和安全没有直接关系的单位和人员没有必要使用安全结构工资办法。另外，4个子分公司安全结构工资均不包含劳务工，劳务工大多数分布在煤矿苦脏累、危险程度比较高的岗位，为了保证煤矿整体安全性，应该将这部分人员纳入安全结构工资办法适用范围。

表5-14　　子分公司安全结构工资适用范围

公司	单位范围	人员范围
神东	1. 生产单位（包括各煤矿、生产服务中心、开拓准备中心）； 2. 主要生产辅助单位； 3. 生产、生活服务单位； 4. 机关部门	全体正式工
宁煤	生产单位、煤矿筹建处、建井工程处	井下采掘人员、井下辅助人员
乌海	所有下属单位	全体正式工
准能	所有下属单位	全体正式工

数据来源：根据调研资料整理。

5.2.1.2 确定安全结构工资数量方法

确定安全结构工资数量有两种方法：一是按相对比例即工资总额一定比例确定。神东、乌海、准能公司均采用这种方法。二是按绝对数量确定。宁煤公司采用这种办法，规定井下采掘人员安全结构工资为750元/月；井下辅助人员安全结构工资为500

元/月。详细情况见表 5-15。

表 5-15　　子分公司安全结构工资数量

公司	标　准
神东	本单位(助理级以上人员工资除外)工资总额的 30%
宁煤	井下采掘人员:750 元/月,井下辅助人员:500 元/月
乌海	工资总额的 40%
准能	工资总额基数的 40%

数据来源:根据调研资料整理。

这两种方法各有利弊。相对比例方法中,安全结构工资和工资总额挂钩,工资总额又和产量挂钩,因此安全结构工资实际上和产量挂钩。在这种挂钩方式下,人们增加产量有利可图,存在激励盲目增加产量的负面效应,对安全有可能带来不利影响;但是这种挂钩方式的好处是安全结构工资数量随着工资总体水平提高而增加,可以保持对安全生产的经济激励力度相对不变,而且操作起来简单易行。

绝对数量方法的好处是安全结构工资不和产量挂钩,不存在激励增加产量的作用,有利于安全生产;不足之处是安全结构工资数量调整起来比较麻烦。目前国有企业工资总量主要由上级部门和企业业绩共同决定,职工工资水平通常随着企业经济效益提高而提高,安全结构工资数量应该随着职工工资水平调整而及时调整。但是安全结构工资数量调整需要企业各方面对安全生产和经济激励力度达成共识才能完成,而达成共识是一件比较困难的事情。例如,宁煤集团 2006 年 4 月 25 日确定井下采掘人员、井下辅助人员安全结构工资分别为 750 元/月、500 元/月,这一标准一直执行到现在。这 8 年间企业职工(包括井下采掘人员、井下辅助人员)工资水平明显提高,由于安全结构工资长期没有调整,目前宁煤公司井下采掘人员安全结构工资占工资的比例为10%左右,井下辅助人员安全结构工资占工资的比例为15%,是4个子分公司中比例最低的,因而安全结构工资对安全的激励力度明显低于2006年的水平。

综上,为便于操作,并保持经济激励力度相对不变,我们认为使用相对比例方法确定安全结构工资数量更好。

5.2.1.3 考核周期

4个子分公司安全结构工资考核周期均为月(见表5-16),这和安全结构工资特点有关。安全结构工资主要思想是从经济上激励一线生产人员重视安全生产,一线生产人员对安全的重视程度可以从当期的安全生产绩效体现出来,加上我国工资发放制度是按月发放,因此考核周期设定为月比较合理。

表5-16 子分公司安全结构工资考核周期

公司	周期
神东	月
宁煤	月
乌海	月
准能	月

数据来源:根据调研资料整理。

5.2.1.4 考核办法

各个子分公司安全结构工资考核办法差异很大,具体可以分为三个方面:一是安全结构工资与全矿安全生产绩效考核分数挂钩办法;二是安全结构工资与全矿死亡、重伤和重大非人身伤害事故挂钩办法;三是安全结构工资与轻伤事故和"三违"挂钩办法。

(1) 与全矿安全生产绩效考核分数挂钩办法

各个子分公司中,除神东公司外都制定了安全结构工资与当月全矿安全生产绩效考核分数挂钩办法(见表 5-17),但是这种办法实际操作起来比较困难。子分公司对下属煤矿和单位通常一个季度进行一次安全生产大检查,月度内只有个别检查,评定下属煤矿或单位当月安全生产绩效的信息并不准确,很难对下属煤矿或单位安全生产进行全面和合理的评价。于是部分子分公司将考核的权限下放到煤矿,由煤矿安全生产管理部门自行考核。迫于煤矿之间相互比较的压力和涉及本单位自身经济利益,各矿自行进行的安全生产绩效考核普遍流于形式,安全结构工资与安全考核分数挂钩的办法对安全管理的激励作用并不明显。

表 5-17　子分公司安全结构工资与安全绩效考核分数挂钩办法

公司	考核办法	考核程序
神东	无	各单位安全管理办公室考核,分管安全副矿长审签后发放
宁煤	1. 当月考核总评分达 900 分,不奖不罚; 2. 900 分以上(不含 900 分),每增加 1 分,奖励单位安全结构工资的 1%; 3. 900 分以下,每降低 1 分,扣发单位安全结构工资的 1%; 4. 若当月考核总评分在 800 分以下(含 800 分),扣除实行范围内所有人员当月全部安全结构工资	每月由公司安监局考核,矿安监处组织实施
乌海	与每月安全检查考评挂钩。 1. 850～900 分(包括 850、900 分),安全结构工资不增不减; 2. 低于 850 分,每低 1 分,减少安全结构工资的 0.4%; 3. 高于 900 分,每高 1 分,增加安全结构工资的 0.4%	每月由公司安监局牵头对各生产单位组织进行一次安全结构工资考核评分
准能	日常安全考核与安全结构工资挂钩。 1. 90 分及以上,安全结构工资全额发放; 2. 90 分以下,每低 1 分,扣减单位安全结构工资的 1%	各单位考核,公司安监局认定

数据来源:根据调研资料整理。

(2) 与死亡、重伤和重大非人身伤害事故挂钩办法各个子分公司均详细制定了安全结构工资与安全事故挂钩办法(见表5-18),这些办法之间的差别从两个方面表现出来。

一是发生事故后处罚力度松紧不同。我们以发生死亡1人为例进行说明。神东公司规定,发生死亡1人事故,扣发责任区队、辅助和服务人员安全结构工资,扣发生产单位员工安全结构工资的70%。考虑安全结构工资占工资总额的30%,神东公司实际扣发安全结构工资占工资总额的比例在21%~30%之间。与此计算过程类似,宁煤、乌海、准能公司下属煤矿死亡1人扣发安全结构工资占工资总额比例分别是10%~15%、20%、4%(见表5-19)。准能公司扣发比例最低,处罚力度最弱。

表5-18　　安全结构工资与安全事故挂钩办法

公司	死亡1人以上	死亡1人	重伤一次3人及以上	重伤一次2人及以上	重伤1人	轻伤1人等	非人身伤害事故
神东	取消全矿安全结构工资	1. 生产单位安全结构工资发放70%;2. 事故区队员工安全结构工资取消;3. 生产辅助和生产、生活服务员工安全结构工资不兑现	1. 生产单位安全结构工资发放70%;2. 事故区队员工安全结构工资取消;3. 生产辅助和生产、生活服务员工安全结构工资不兑现	1. 生产单位安全结构工资发放80%;2. 事故区队员工安全结构工资取消;3. 生产辅助和生产、生活服务员工安全结构工资不兑现	1. 生产单位事故区队安全结构工资发放70%;2. 事故班组员工安全结构工资取消;3. 生产辅助和生产、生活服务员工安全结构工资不兑现	发生轻伤事故、严重“三违”、未遂事故或安全隐患没有按时整改等任何一项时,所在科队(车间)当月安全绩效工资兑现80%	发生较大事故,处罚同发生1人次重伤事故

续表 5-18

公司	死亡1人以上	死亡1人	重伤一次3人及以上	重伤一次2人及以上	重伤1人	轻伤1人等	非人身伤害事故
宁煤（金能）	同死亡1人	取消全矿安全结构工资	同重伤1人	同重伤1人	取消本单位安全结构工资	采掘扣责任单位100分，辅助扣责任单位150分	根据事故情况扣100～200分
乌海	扣除全矿安全结构工资100%	扣除全矿安全结构工资50%	扣除矿安全结构工资6%	扣除矿安全结构工资4%	1. 扣除矿安全结构工资2%；2. 取消事故单位当月安全结构工资（利民）	扣除矿安全结构工资1%	根据事故情况扣全矿安全结构工资1%～10%
准能	同死亡1人	1. 扣减全矿安全结构工资10%；2. 扣减职能部门、生产区队、班组安全第一责任人、事故责任人安全结构工资的50%～100%	同重伤1人	同重伤1人	1. 扣减责任单位安全结构工资的8%；2. 扣减职能部门、生产区队、班组安全第一责任人、事故责任人安全结构工资的50%～100%	1. 扣减生产区队、班组安全第一责任人安全结构工资的20%；2. 扣减职能部门责任人安全结构工资的10%；3. 扣减事故责任人安全结构工资的35%	按事故严重程度不同：1. 扣减责任单位安全结构工资的4%～8%；2. 扣减职能部门、生产区队、班组安全第一责任人、事故责任人安全结构工资的20%～100%

数据来源：根据调研资料整理。

表 5-19　死亡 1 人扣发安全结构工资占工资总额比例

公司	死亡 1 人扣发安全结构工资占工资总额比例/%
神东	21～30
宁煤	10～15
乌海	20
准能	4

数据来源：根据调研资料整理。

二是对事故区队安全结构工资处罚方式不同。各个子分公司制定安全结构工资办法时，都考虑到发生事故后，对责任区队和其他人员的处罚应该有所差别。我们以发生 1 人次重伤为例进行说明。神东公司规定，发生重伤，事故班组、生产单位、辅助与服务人员安全结构工资分别全部取消、扣罚 30%、全部取消；宁煤公司仅取消事故区队安全结构工资；准能公司扣减职能部门、生产区队和班组安全生产第一责任人和事故责任人安全结构工资的 50%～100%。乌海公司对事故责任区队没有专门规定，由各矿自行决定，例如乌海公司下属利民矿规定，发生重伤事故，区队当月安全结构工资取消。我们认为安全结构工资办法与安全风险抵押办法一样，不应该将与安全不相关的人员"连坐"，处罚重点应该是与事故密切相关的人员。基于这种想法，应该吸收神东公司和准能公司办法的优点，建议事故区队安全结构工资应该只处罚事故班组、区队管理人员和其他负有责任的职能部门和区队相关人员，其他人员的安全结构工资不应该受到牵连。

(3) 与轻伤事故、"三违"挂钩办法

发生轻伤事故或"三违"，安全结构工资有两种处罚方式(见表 5-20)。一是实行"连坐"，扣除事故区队当月部分安全结构工资(20%～50%)；二是只对责任人处罚，例如宁煤金能规定发生轻伤事故或 B 类及以上"三违"，扣除责任人安全结构工资。和重伤情况不同，轻伤和“三违”行为容易隐瞒，实行“连坐”将鼓励职工之间相互隐瞒，达不到及时发现安全管理漏洞、避免更大事故的目的。同时，不应该将关系不密切的人员纳入“连坐”范畴。建议发生轻伤事故、严重“三违”、未遂事故或安全隐患没有及时整改的任何一项，只扣除责任人当月安全结构工资，不应该和责任班组其他人员、责任区队管理人员当月安全结构工资进行挂钩。

表5-20　安全结构工资与轻伤事故、“三违”挂钩情况

公司	轻伤	“三违”
神东	发生轻伤事故、严重“三违”、未遂事故或安全隐患没有按时整改等任何一项时，所在科队（车间）当月安全绩效工资扣20%	同轻伤
宁煤（金能）	伤者及责任人不兑现	B类及以上“三违”责任人不兑现
乌海（利民）	事故单位扣除当月安全结构工资50%	
准能	扣事故责任人安全结构工资的35%	

数据来源：根据调研资料整理。

5.2.2　矿对区队安全结构工资

在矿对区队安全结构工资办法中，子分公司大多已经直接规定了各类事故对相关区队安全结构工资处罚办法，各个煤矿制定的安全结构工资办法只是补充两部分内容：一是区队安全结构工资挂钩比例或数量；二是区队安全结构工资与安全绩效考核指标挂钩办法。下面介绍这两方面情况。

5.2.2.1　区队安全结构工资挂钩数量确定

确定安全结构工资总量通常分三个阶段：一是各子分公司对矿确定安全结构工资总量；二是矿对区队确定安全结构工资总

量;三是区队进行内部分配。

各子分公司按工资总额一定比例确定矿安全结构工资总量,一般占工资总额的24%～30%。

矿对区队安全结构工资的确定有两种办法(见表5-21):一是按工资总额一定比例确定,一般在40%～50%之间,安全结构工资随工资总额变动而变动。二是事先确定,通常按人均安全结构工资数量确定。例如梅花井煤矿按采掘工人750元/(月·人)、井下辅助工人500元/(月·人)确定;黑岱沟煤矿是在年初按照上年工资总额的40%确定本年度安全结构工资绝对数量,年内不变。根据表5-21,除了梅花井、金能两矿略低外,其他各矿安全结构工资占工资总额比例均在40%～50%之间,从工资总额分配上体现了"安全第一"的理念。

表5-21　矿对区队安全结构工资总量确定办法

煤矿	占月工资比例/其他
柳塔	工资总额40%
黑岱沟	年初核定工资总额40%(即每月固定,不浮动)
梅花井	采掘:750元/(月·人),约占工资总额10%; 井下辅助:500元/(月·人),约占工资总额16%①
金能	采掘:750元/(月·人),约占工资总额12%; 井下辅助:500元/(月·人),约占工资总额17%②
平沟	工资总额50%
利民	工资总额50%

数据来源:根据调研资料整理。

注:① 根据梅花井煤矿综采一队、通风队2013年3月工资表,综采一队平均应发工资7 383.22元/(月·人),通风队平均应发工资3 161.65元/(月·人)。

② 根据金能公司综采一队、通风队2013年3月工资表,综采一队平均应发工资6 105.39元/(月·人),通风队平均应发工资3 026.45元/(月·人)。

两种办法中，安全结构工资和工资总额挂钩，工资总额又和产量挂钩，因此安全结构工资实际上和产量挂钩，安全结构工资包含在计件单价之中。如果安全结构工资事先确定，没有和工资总额挂钩，则意味着吨煤工资单价没有包括安全结构工资。由此我们推断：安全结构工资和工资总额挂钩时计件单价大于安全结构工资事先确定情况下的计件单价。前者挂钩方式下额外增加一单位产量增加的工资总额大于后者事先确定方式下增加的工资总额，故挂钩方式下人们增加产量更加有利可图，从而增加产量的动力更大，不利于安全生产。从安全生产的角度来看，我们更倾向于使用事先确定安全结构工资的方式。不过，目前事先确定安全结构工资的梅花井和金能两矿实际安全结构工资占工资总额的比例都不高，没有体现出“安全第一”的理念。其主要原因是事前确定安全结构工资，需要每年调整一次，调整过程实际上就是基层区队和各级管理部门之间讨价还价的过程，这个过程耗费时间和人力较大，往往阻碍了安全结构工资数量及时调整。为便于管理，我们认为使用相对比例办法比较好。

5.2.2.2　区队安全结构工资与安全绩效考核挂钩办法

各个子分公司下属煤矿一般还会根据子分公司文件精神，制定将安全结构工资与区队安全管理绩效挂钩的具体办法。下面介绍区队安全绩效考核挂钩相关情况。

(1) 区队安全结构工资考核指标类型

区队安全结构工资考核指标归结起来有四类：① 反映安全管理的相关指标；② 安全事故指标；③ 不安全行为；④ 出勤。其中，前两类是各矿主要考核指标，后两类只有梅花井和金能两矿采用。“安全事故指标”是通过安全结果来反映区队安全管理水平；“反映安全管理的相关指标”衡量的则是安全生产过程。各单位采用的考核指标不同，传达出政策制定者安全管理的侧重点也就不同。

从表 5-22 可以看出，通行的做法是采用安全事故和安全管理双重指标，如黑岱沟煤矿、梅花井煤矿和金能公司。少数单位采用单项考核指标，如柳塔煤矿只采用安全事故指标，平沟煤矿只采用安全管理指标。部分煤矿在设计安全结构工资办法时，希望同时对过程安全和结果安全形成激励作用，但这使得安全结构工资办法与安全风险抵押金、“五型”绩效考核中的本安考核等在内容和功能上产生交叉重叠。

表 5-22　　安全结构工资考核指标

煤矿	考核指标
柳塔	安全事故指标
黑岱沟	安全事故指标； 反映安全管理的相关指标
梅花井	安全事故指标； 反映安全管理的相关指标； 不安全行为查处（针对个人）； 出勤（针对个人）
金能	安全事故指标； 反映安全管理的相关指标； 不安全行为查处（针对个人）； 出勤（针对个人）
平沟	反映安全管理的相关指标
利民	安全事故指标

数据来源：根据调研资料整理。

(2) 区队安全管理绩效指标

反映安全管理绩效的相关指标是安全结构工资的主要内容之一。为了反映各矿办法异同，我们将实施该考核指标的 4 个样本矿实施情况进行了梳理，归纳得到表 5-23。

表 5-23　　安全管理绩效指标

煤矿	标准	内容	奖惩
黑岱沟	本质安全考核体系	1. 生产现场：生产现场人员不安全行为、设备的不安全状态和环境不安全因素以及管理缺陷； 2. 内业； 3. 事故指标：非伤亡事故扣6～48分；伤亡事故扣12～48分； 4. 文明生产：设备编号、作业现场环境、临建、车辆停放、5S管理、车辆行驶、员工作业行为、员工着装	1. 基准分为100分； 2. 得分在90分（含90分）以上单位，全部提取安全结构工资； 3. 得分在90分以下单位，每降低1分，扣减单位安全结构工资的2%
梅花井	本质安全型考核得分	1. 基层区队月度评分方法：内部业务资料检查得分占总分的30%，生产要素检查得分占总分的70%（其中现场施工质量得分占60%，文明生产得分占40%）； 2. 生产要素月度检查得分＝定期检查得分的加权平均分＋不定期检查的加权平均分。其中，定期检查得分的加权平均分占40%，不定期检查得分的加权平均分占60%	各区队本安考核得分与安全结构工资挂钩情况不详。 宁煤公司对矿本安考核得分对全矿安全结构工资的影响如下： 1. 基准分为1 000分，若全矿当月考核实得总分达到900分，按标准的安全结构工资发放； 2. 若全矿当月考核实得总分在900分以上，每增加1分，奖励安全结构工资的1%； 3. 若全矿当月考核实得总分在900分以下，每降低1分，扣发安全结构工资的1%； 4. 若全矿当月考核实得总分在800分以下（含800分），扣除实行范围内所有人员全部安全结构工资

续表 5-23

单位	标准	内容	奖惩
平沟	本质安全考核	（不详）	1. 采、掘、开、准、瓦等单位每月本安体系考核综合得分在 90 分为合格，不奖不罚；当月考核得分每降低 1 分，扣罚单位安全结构工资的 2.5%；当月考核得分每升高 1 分，奖励安全结构工资的 2.5%； 2. 机、通、运、机修厂等单位每月本安体系考核得分在 95 分为合格，不奖不罚；当月考核得分每降低 1 分，扣罚单位安全结构工资的 1.5%；当月考核得分每升高 1 分，奖励安全结构工资的 1.5%
金能		1. 采掘队：安全评价、工程质量评价、文明生产评价、机电运输评价、“一通三防”评价； 2. 其他队：安全评价、文明生产评价、生产影响评价、机电运输评价	1. 基准分 1 000 分，单位当月实得分=(1 000－扣分)×修正系数(根据施工难度设为 1.0～1.15)； 2. 总分 900 分，不奖不罚；总分大于 900 分，每增加 1 分，奖励单位安全结构工资总额 1%；总分小于 900 分，每降低 1 分，扣发单位安全结构工资总额 1%； 3. 低于 800 分，取消单位当月安全结构工资

数据来源：根据调研资料整理。

根据表 5-23，我们有以下结论：

(1) 各矿安全管理考核均以本质安全体系为主。

神华集团对各矿本质安全管理设立了专项考核。在本安体系推广和建设过程中，各矿将其与已有安全管理制度相结合，制定了本矿的本安考核指标细则，并将指标在下属各单位进行逐级分解。黑岱沟、梅花井、平沟和金能 4 矿将本安建设考核与区队安全结构工资挂钩。

(2) 各矿安全结构工资奖罚存在差别。

矿属单位安全管理考核基准分定为 1 000 分或 100 分不等，奖罚基准线均为基准分的 90%。安全结构工资奖罚差别体现在以下三处：

第一，有奖有罚与只罚不奖。对于本安考核得分在安全结构工资上的应用，梅花井、金能和平沟煤矿规定，高出基准分者奖励，不足基准分者惩罚，奖惩力度对等。黑岱沟煤矿规定，只对不足基准分者惩罚，对高出基准分者无奖励。

第二，奖罚力度存在差距。力度较大的为梅花井和金能煤矿，每低于基准分 1% 扣除单位安全结构工资 10%；力度次之的为黑岱沟和平沟煤矿，每低于基准分 1% 扣除单位安全结构工资 1.5%～2.5%。

第三，奖罚力度体现区队专业差距。表 5-23 所示的 4 个样本矿中，平沟煤矿的奖罚规定比较细致，对不同专业区队的考核奖罚规定了不同的力度。安全考核得分升降 1%，安全一线的采、掘、开、准、瓦等单位对应奖惩 2.5%，而安全二线的机、通、运、机修厂等单位对应奖惩 1.5%。

5.2.3　主要结论

归纳上面分析和实践经验，可以得到以下结论：

第一，和安全没有直接关系的单位和人员没有必要使用安全结构工资办法。劳务工大多数分布在煤矿苦脏累、危险程度比较高的岗位，为了保证煤矿整体安全性，应该将这部分人员纳入安全结构工资办法适用范围。

第二，安全结构工资办法与安全风险抵押办法一样，不应该将与安全不相关的人员“连坐”,处罚重点应该是与事故密切相关的人员。

第三,按相对比例即工资总额一定比例确定安全结构工资数量,有利于保持激励力度相对不变。

第四,考核周期设定为月,比较合理。

第五,安全结构工资与全矿安全绩效考核挂钩的方式,由于考核成本高而容易流于形式。安全结构工资与区队安全绩效挂钩的方式,矿内部考核成本相对较低,应该坚持和鼓励。

第六,发生轻伤事故、严重“三违”、未遂事故或安全隐患没有及时整改的任何一项,不应该将当班相关人员实行“连坐”,否则容易导致职工之间相互隐瞒事故或隐患。

5.3 安全风险抵押办法与安全结构工资办法比较

表 5-24 详细总结了典型安全风险抵押办法和安全结构工资办法的异同。两个办法的共同点是:

(1) 发生事故将受到处罚,实现安全生产则受到奖励。

(2) 发生重伤、重大非人身伤害事故、轻伤和“三违”等的奖罚形式基本一样。

两个办法的主要差别是:

(1) 死亡事故考核周期不同。安全风险抵押办法中管理人员考核周期长于工人,管理人员通常是季度或更长,工人是月,考核周期越长,发生事故概率越大,被考核者压力越大;安全结构工资中管理人员和工人均按月考核。

表 5-24　两种安全经济激励办法比较

<table>
<tr><th colspan="2">主要特征</th><th>安全风险抵押办法</th><th>安全结构工资办法</th></tr>
<tr><td colspan="2">全矿考核指标</td><td>安全事故</td><td>安全事故和安全绩效分数</td></tr>
<tr><td colspan="2">奖罚数量确定</td><td>提前按岗位确定绝对数量</td><td>当期按工资总量相对比例确定</td></tr>
<tr><td rowspan="3">安全事故处罚方式</td><td>死亡事故</td><td>1. 全体管理人员考核期(年、半年、季、月)抵押金取消;
2. 全矿工人当月抵押金取消</td><td>全体人员(管理人员和工人)当月安全结构工资取消</td></tr>
<tr><td>重伤或重大非人身伤害事故</td><td>事故区队全体人员当月抵押金取消</td><td>事故区队全体人员当月安全结构工资取消</td></tr>
<tr><td>轻伤、严重“三违”等</td><td>责任人当月抵押金取消</td><td>责任人当月安全结构工资取消</td></tr>
</table>

(2) 在全矿考核指标和奖罚数量确定方式也有一些不同。安全风险抵押办法中,全矿只是按是否发生死亡事故来考核;安全结构工资办法中,除按是否发生死亡事故考核外,还要考虑全矿安全管理考核分数。安全结构工资实际考核过程是:① 如果当月没有发生任何事故,则本安考评结果就是计算安全结构工资的主要依据;② 如果发生事故,则根据事故性质决定安全结构工资扣罚数量。本安考评指标大多涉及安全管理过程,安全事故是安全管理的结果。安全结构工资在这种考核方式下既促进了安全管理不断规范化,又保障了安全水平不断提高,是目前安全经济激励办法效果比较好的一种模式。

前面已经介绍,子分公司按月对矿进行安全管理考核,成本很高,一般都让各矿自行考核。由于涉及自身经济利益,各矿自行考核往往流于形式,所以两种办法考核指标本质上还是按事故发生情况决定。奖罚数量无论是事前或事后确定，按绝对数或相对比例确定，都是安全生产有奖，发生事故被罚，对管理人员或工人而言，差别并不大。总之，这两种办法本质是一样的，特别是发生重伤、重大非人身伤害事故、轻伤和“三违”等时的奖罚基本相同。由于各种原因，各个子分公司在设计这两个办法时，并没有仔细研究其共同性，发生事故时就会出现按一个办法从重处罚，按另一个办法则处罚轻微的现象，两个办法不容易形成合力，减弱了激励力度。例如，若发生重伤，根据宁煤公司下属金能公司规定，按照安全结构工资办法事故区队全体人员当月安全结构工资取消；按照安全风险抵押办法只有事故班组安全风险抵押金取消。安全结构工资“连坐”范围大于安全风险抵押办法。因此，在优化这两种办法时，应该同时考虑这两个办法的共同性，尽量按同一标准进行奖罚。

安全结构工资和安全事故挂钩时，其激励机制和安全风险抵押办法完全一样，使用安全事故这个信号间接反映了工人是否重视安全。另外，安全结构工资还和安全管理过程的相关指标挂钩，有利于事前安全风险预控。根据生产单位和管理部门特点，我们认为管理部门工作内容经常涉及多个生产单位，工作成果许多时候具有长期性，日常安全管理工作不便于量化，但是长期内安全事故发生频率可以间接反映管理部门工作好坏，所以安全风险抵押办法比较适合调动管理部门相关人员积极性。实际上，从对安全风险抵押办法研究中，我们看到各个矿的共同趋势是提高管理岗位奖罚标准，生产工人奖罚数量偏低，这种有所侧重的处理已经暗示安全风险抵押重点是调控管理岗位人员的安全生产行为。我们现在明确提出安全风险抵押办法更适合管理部门相关人员，只是将这种不自觉行为变为自觉行为，将管理部门目前同时实行的安全风险抵押和安全结构工资两个办法进行合并，侧重使用安全风险抵押办法。另外，生产部门安全生产过程容易量化，例如可以从岗前培训、工程质量、安全隐患管理、“三违”行为管理、文明生产等方面进行考核，而且安全管理过程大多数时候只和本单位工作好坏有关。因此，将安全管理过程相关指标和安全事故发生情况与生产单位安全工资挂钩，有利于从过程和结果两方面综合反映生产单位安全工作好坏。

第6章 区队内部安全经济激励机制研究

通常我们讲到工资分配办法,是指按劳动者实际付出的劳动量支付报酬,主要有两种分配形式:计件工资制和计时工资制。计件工资制是用劳动者生产的产品数量代表付出劳动数量大小;计时工资制是用劳动力工作时间长短代表劳动量多少。这两种分配形式的共同点是按劳动者付出的绝对数量计算劳动报酬多少。然而有的时候,对于劳动力付出多少,无法找到有效方法直接度量,只能通过比较劳动者之间相对劳动好坏来间接度量各个劳动力实际付出劳动量大小并决定劳动报酬高低。例如,煤炭企业为了推动班组建设或本质安全体系建设,需要根据基层单位实际付出劳动数量和工作好坏给予他们适当奖励,但是班组建设或本质安全体系建设过程中基层单位实际付出劳动数量和工作好坏无法像计算产量一样通过单一指标直接计算,只能针对煤炭企业特点设计一套指标体系,通过指标完成好坏及相应公式计算出每个单位的得分,依据得分多少排出顺序,根据事先确定规则,将各个基层单位分为优、良、中、差几个档次,按照档次高低即相对排名决定报酬数量。这是工资分配的另一种方式，这种方式类似于体育比赛奖励办法，习惯上称为锦标赛制度。国外在 1970 年代就有人对这种分配方式进行研究，近年来国内有人将相关理论用于分析政府官员晋升行为及对经济的影响，但使用锦标赛理论分析企业内部分配问题很少见到，用于分析煤矿分配问题还没有相关报道。

本章重点利用锦标赛理论分析目前班组和区队建设的主要形式、主要经验和问题，以及优化建议。

6.1 班组和区队建设考核主要形式

神华集团各个子分公司的各矿班组和区队建设形式多样，下面概括介绍各矿班组和区队建设主要形式。

6.1.1 乌海公司

利民煤矿以创建“五型”班组为主题，对相关内容进行量化考核。根据得分多少将班组分为不合格班组、合格班组、优秀班组、金牌班组等类型。对优秀班组和金牌班组及所在区队干部给予奖励，对不合格班组进行处罚。

平沟煤矿将 13 个考核单位分为 4 个竞赛组和 2 个其他组分别考核、打分并排序，实施区队(厂)本安体系分组竞赛活动。组内排名第一和最后的区队及区队干部将分别受到奖励和处罚。

6.1.2 宁煤公司

白芨沟煤矿对班组和区队分别进行考评。根据考评分数从班组中评选出“五星级”和“四星级”班组，从区队中评选出标杆科队、优秀科队、最差科队，并对相关人员进行奖励和处罚。

梅花井煤矿以区队本安体系建设为目标，针对生产区队、辅助区队、地面区队等分别设计考核细则并进行绩效评价，根据考核分数达到达标规划幅度给予奖励或处罚。

金能公司为建设“五型”班组，制订了“五型”班组建设实施方案和考核办法。根据考核分数多少将班组划分为不合格班组、合格班组、特色班组、明星班组和不合格班组长、合格班组长、特色班组长、明星班组长等，并给予相应奖罚。

6.1.3 神东公司

上湾、补连塔和柳塔煤矿对区队进行“八型”班组建设考核，对班组开展星级班组评比活动。区队每一型考核满分为 100 分，考核总满分为 800 分，采取全年累计考核扣分或加分原则，以每个月的考核得分作为下个月考核的基准分，年终区队的最终考核得分作为该区队全年考核得分。根据被考核区队超出基准分的多少进行排名，对考核排在前五名的区队进行奖励；所有区队考核结果与区队绩效工资直接挂钩。

星级班组评比是各区队每月班组考核得分最高的班组获得一颗星，即为当月星级班组，根据班组累计获得星的个数确定班组等级。区队考核排名前七名区队里的星级班组，按照跟班副队长和班长 1.8、A 类员工 1.6、B 类员工 1.4、C 类员工 1.0 的分配系数，由矿班组建设领导小组对星级班组所有人员进行 3 000 元/星级班组的奖励。对发生轻伤、重伤及以上事故的班组、未完成月度生产任务指标的班组等，分别给予摘星、1～6 个月不得评星的处罚。

准能和大雁公司班组建设比较简单，资料也不详细，这里不再介绍。

6.2 班组建设与安全管理

班组建设考核中主要包括以下内容：考核指标设计、考核分数计算，优胜者评选方式和奖惩方式。考核指标中我们重点探讨安全管理和安全一票否决制问题。

6.2.1 考核指标中的安全管理和安全一票否决制

班组建设考核中安全管理是主要内容。为便于比较，我们将安全管理和生产管理指标及其他指标的权重归纳在表 6-1 中。从表中可以看出，班组建设中各矿对安全管理重视程度不同，安全管理分值最高的是白芨沟矿和梅花井矿，均为 50 分；利民、金能和大雁第一煤矿安全管理分值超过了生产管理分值；上湾、补连塔、柳塔和黑岱沟矿安全管理分值低于生产管理分值，安全第一强调不够。

部分煤矿在班组建设考核中将安全事故作为否决指标，否决的程度也不一样。例如：

(1) 梅花井煤矿规定优秀区队和优秀班组的评选必须达到“九个零”的风险预控管理目标，违反任何一个“零”，不得评选为优秀。“九个零”指：安全管理零缺陷、工程质量零次品、机电设备零故障、标准化工作零差距、现场生产零隐患、检查监督零死角、保安作业零“三违”、成绩面前零自满、最终达到零伤害。

表 6-1　　班组建设中的安全管理和生产管理指标

煤矿	班组建设名称	指标大项数量	安全管理指标分值或权重	生产管理指标分值或权重	其他指标分值或权重
利民	“五型”班组	5	35 分	25 分	40 分
白芨沟	星级班组	5	50 分	30 分	20 分
梅花井	班组建设	5	50 分	30 分	20 分
金能	“五型”班组	5	25 分	15 分	60 分
上湾、补连塔、柳塔	“八型”班组	8	12%	28%	60%
黑岱沟	班组建设	8	15 分	25 分	40 分
大雁第一煤矿	班组竞赛	5	30 分	20 分	50 分

数据来源:根据调研资料整理。

(2) 上湾煤矿规定区队发生轻伤事故的,取消区队一个季度的所有金银铜星班组名额和奖金;区队发生重伤及以上安全事故的,取消区队半年的所有金银铜星班组名额和奖金;区队发生三起重大不安全行为,取消该区队班组参加金银铜星班组竞赛资格;班组发生一起重大不安全行为,取消该班组参加金银铜星班组竞赛资格。

(3) 补连塔煤矿规定区队发生轻伤及以上安全事故的,取消该区队全年所有班组建设评先资格;区队发生三起重大不安全行为,取消该区队班组参加金银铜星班组竞赛资格;班组发生一起重大不安全行为,取消该班组参加金银铜星班组竞赛资格。

(4) 柳塔煤矿规定凡发生轻伤事故的班组,摘掉 3 颗星,并 3 个月内无获星资格;发生重伤及以上事故的班组,摘掉已经获得的所有星,并半年内不得评星;班组员工出现一起重大不安全行为,班组当月不得评星。

6.2.2　考核分数计算和竞赛资格

多数煤矿通常按评分标准加分或减分评出单项得分，再加总各单项得分得出考核分数。各个煤矿班组众多，逐日对班组进行考核和核算工作量巨大，只能根据各个班组自行填报数据计算考核分数；考核结果涉及班组经济利益，班组记录或输入数据难免受到人为因素影响。为了增加考核可靠性和公平性，也有一些煤矿采取不同的算分办法。例如，梅花井煤矿使用班组日考核得分占 50%，区队考核小组的月考核班组结果占 50%的办法；补连塔煤矿和上湾煤矿规定班组专业竞赛得分由“八型”区队考核得分(70%)和班组考核得分(30%)两部分组成。

为了减少评选工作量，部分煤矿对班组竞赛资格进行了限定。例如，上湾煤矿规定专业区队班组竞赛考核排名占本专业组所有区队前 50%的班组获得参加本单位金银铜星班组竞赛资格。补连塔煤矿规定专业区队班组竞赛考核综采类前 2 名、掘进类前 2 名、机运通类前 2 名、其他类第 1 名参与矿金银铜星班组的评选。柳塔煤矿规定区队班组考核得分最高的班组获得一颗星，为当月的星级班组，根据班组累计获得星的个数确定班组等级；每个月，对当月星级班组直接进行奖励，奖励规则是区队考核排名前 50%区队里的星级班组。

6.2.3　奖罚数量和分配规则

各个煤矿奖励名额和奖励金额规定如下：

(1) 利民煤矿奖励班组建设月度考核分数最高的班组 3 000 元。

(2) 金能公司与利民煤矿类似，采掘和辅助区队优胜班组各取第一名给予奖励。

(3) 上湾煤矿确定金星班组 1 个，奖励 5 000 元/月，银星班组 2 个，奖励 3 000 元/月，铜星班组 1 个，奖励 2 000 元/月；补连塔煤矿则是金星班组 2 个、银星班组 1 个和铜星班组 2 个。

(4) 柳塔煤矿每个月对当月区队考核排名前 50%区队里的星级班组直接进行奖励：生产单位星级班组奖励 3 000 元/班组，生产辅助单位星级班组奖励 1 000 元/班组。

(5) 黑岱沟煤矿对班组达标升级考核结果排名前三名的班组员工给予每人 100 元的奖励。

(6) 哈尔乌素煤矿对每个季度班组建设考核结果排名前两名的队部以及排名前三名的班组给予奖励。

很显然，和班组月工资总额相比，班组建设奖励名额和奖励金额都不算多。

部分煤矿还对班组建设中获得的奖金规定了内部分配规则。

(1) 白芨沟煤矿、金能公司和黑岱沟煤矿按照岗位不同规定了人均 100～600 元奖励标准。

(2) 上湾煤矿的奖金发放由带班队长和班长每月根据“五型”绩效系统中本班组员工的排名情况给予分配。

(3) 补连塔煤矿根据员工每月的日评价考核整体情况进行全月表现整体排名，奖金分配系数是：前 30%员工为 2.5，后 30%员工为 1，中间 40%员工为 1.5，带班队长和班长为 2.5；班组员工每发生一起不安全行为，分配系数下降 0.5。

(4) 柳塔煤矿奖金分配系数是跟班副队长和班长 1.8、A 类员工 1.6、B 类员工 1.4、C 类员工 1.0。

明确奖励内部分配规则后，班组建设奖金变成集体劳动成果，有利于调动员工积极性。

部分煤矿还对班组建设中表现不好的班组规定了处罚条例。

(1) 白芨沟矿每月根据“六个零”指标完成情况，在全矿范围内评出一个“最差班组”，给予通报批评；对全年两次被评为“最差班组”所在科队的党政领导各罚款 500 元，班组长给予解聘。

(2) 金能公司对“五型”班组建设中考核不合格的班组(长)予以经济处罚：月度不合格班组(长)罚金 1 000 元(500 元)；季度不合格班组(长)罚金 2 000 元(1 000 元)；年度不合格班组(长)罚金 3 000 元(2 000 元)；两次出现不合格班组的区队罚金 5 000 元。要评选出班组建设中表现不好的班组，可能需要对所有班组全面考核，需要较多人力与物力。

6.2.4　班组建设效果定量分析

推行班组建设活动，主要目的是提高班组综合素质，为安全、高效生产提供有力保障。如果班组建设效果明显，那么各个班组总体表现应该稳定提高，班组之间差距不断缩小。我们用班组考核平均值和方差分别表示班组总体水平和班组之间差距。

调研过程中收集到白芨沟煤矿近年来班组考核结果数据。图 6-1 所示是白芨沟煤矿 2011 年 1 月～2012 年 5 月各月班组建

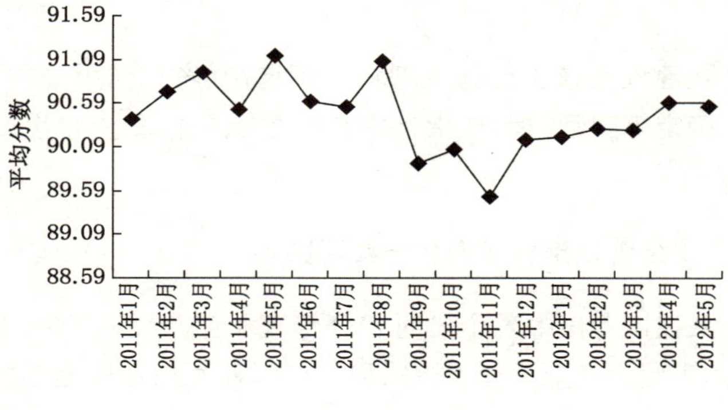

图 6-1　白芨沟煤矿班组建设考核平均分数

设考核平均分数。从图中可以看出,平均值没有增加趋势,即用考核分数衡量的班组建设绩效总体水平没有提高。图 6-2 所示是白茇沟煤矿 2011 年 1 月～2012 年 5 月各月班组建设考核分数标准方差。从图中可以看出,方差没有缩小迹象,即用班组建设考核结果衡量的班组建设绩效差距没有明显缩小。

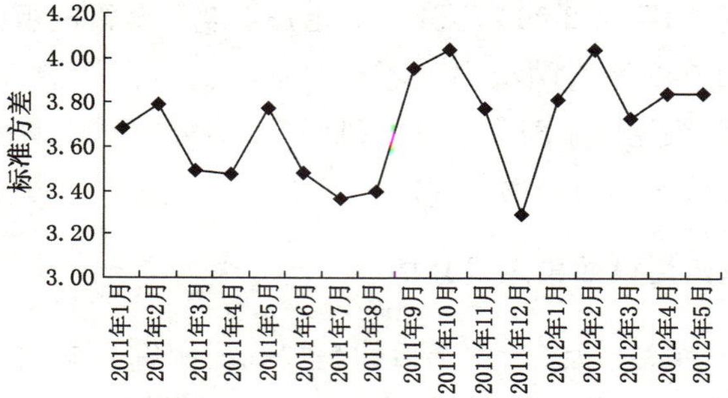

图 6-2　白茇沟煤矿班组建设考核标准方差

6.3　区队建设与安全管理

区队建设考核主要涉及考核指标选用、考核结果公平性、奖罚数量确定等问题。考核指标中我们重点分析安全和生产指标设置。

6.3.1　安全管理指标与安全一票否决制

区队建设考核中各个矿对安全管理和生产管理重视程度不同,具体表现为安全管理类指标和生产管理类指标权重不同。表 6-2 显示了部分煤矿区队考核指标的相关情况。

表 6-2　　区队考核指标相关情况

煤矿	区队建设名称	指标大项数量	安全管理指标分值或权重	生产管理指标分值或权重	其他指标分值或权重
白茂沟	标杆科队	12	12	16	72
梅花井	班组建设	8	25	20	55
上湾	“八型”班组	9	12%	28%	60%
柳塔	“八型”班组	8	15	5	80

数据来源：根据调研资料整理。

从表6-2可以看出，区队建设中只有部分煤矿将区队安全管理相关指标放在重要位置。另外，各个煤矿制定了宽松不一的安全生产一票否决制。例如：① 白茂沟煤矿对安全管理项目分值实行安全事故一票否决制。② 梅花井煤矿规定各单位、各外委施工单位当月凡发生一起轻伤事故，在责任单位月度考核得分中扣10分；发生一起重伤事故，在责任单位月度考核得分中扣15分。发生非人身事故，对责任单位按事故情节轻重、损失大小和事故追查结果确定事故等级。发生一级非伤亡事故，在责任单位月度考核得分中扣10分；发生二级非伤亡事故，在责任单位月度考核得分中扣8分；发生三级非伤亡事故，在责任单位月度考核得分中扣5分。③ 金能公司对优秀班组实行安全、生产任务、质量标准化一票否决制，即月度班组出现一人次轻伤、完不成任务、质量标准化不达标，取消本班评选资格；出现一次轻伤，取消本队季度评选资格；出现一次重伤，取消本队年度评选资格。

显然，区队考核指标设计中安全管理指标应该体现出安全第一的原则，同时实行严格的安全生产一票否决制。

6.3.2　考核结果公平性

区队建设考核和班组建设考核的重要区别是同类区队数量

少，区队之间工作性质相差较大，横向对比较为困难，甚至没有可比性。为了消除区队之间异质性，提高考核结果公平性和可比性，各个煤矿尝试了不同办法，可以归纳如下：

一是分组考核。平沟煤矿将区队分为采煤组、掘进开拓组、机通运组和地面组，组内按相同办法考核；白芨沟和梅花井煤矿分为采掘组、辅助组和地面组进行考核；补连塔煤矿分为综采类、掘进类、机运通类和其他类进行考核；准能哈尔乌素煤矿分为穿爆队、采掘队、运输队、工务队和供电队进行考核。

二是共用一套考核办法，不分组。利民煤矿各区队共用一套考核办法。

三是共用一套考核办法，使用权重和最低分调整。白芨沟煤矿班组建设标杆科队考核以百分值计算，针对实际情况加入权重系数，即采掘科队权重系数为 1.05，生产辅助科队权重系数为 1.02，地面服务科队权重系数为 1.00。同时规定，考评得分第一名为“标杆科队”；采掘科队得分在 90 分及以上，辅助科队得分在 93 分及以上，地面单位得分在 95 分及以上为“优秀科队”。

四是自己和自己比。如果分组不均，或同一组的被考核单位数目较少，总是出现奖罚对象非此即彼或持续受奖受罚的现象，则采取被考核单位自己与自己对比的办法。2013 年上湾煤矿针对这一情况开始采取 ABCD 法，即将被考核单位本月考核结果(A)和自己上三个月平均考核得分(B)、上月考核得分(C)、基本分(80 分，D)进行比较，若 A 大于(小于)B、C、D，奖励(处罚)被考核单位 3 000 元(2 000 元)，其余情况，不奖不罚。

这几种办法中分组考核易于消除区队之间差别，增加考核结果的可比性。问题是同组区队数量可能过少，区队之间竞争失去悬念，不利于调动区队积极性。白芨沟煤矿不分组，使用系数调整区队之间差异的办法简单易行，容易推广。

6.3.3　奖罚数量合理确定

奖罚数量和分配方式是决定一项考核办法安排能否充分调动员工工作积极性、有效发挥经济激励杠杆功能的关键所在。

奖罚数量通常和计件工资总额脱钩。各矿具体形式如下：

(1) 2012 年梅花井煤矿本质安全体系考核实施办法规定，如本区队月度检查考核得分等于本月矿下达的达标规划得分，不奖不罚；如本区队月度检查考核得分大于本月矿下达的达标规划得分，给予奖励，奖励标准是每超过一个百分点奖励 5 000 元，累计计算；如本区队月度检查考核得分小于本月矿下达的达标规划得分，给予处罚，处罚标准是每降低一个百分点罚款 5 000 元，累计计算。奖罚金额从安全结构工资中兑现，当安全结构工资数额不足时，实行超额计件工资的单位从超额计件工资中兑现，实行质量效益奖的单位从质量效益奖中兑现。

(2) 白芨沟煤矿每月对最佳科队集体奖励 3 000 元，对单位党政领导各奖励 500 元；对最差科队集体罚款 3 000 元，对单位党政领导各罚款 500 元，并在安全办公例会上通报。

(3) 补连塔煤矿规定奖励名额为 7 个，其中，综采类 2 个，奖励 4 000 元/区队；掘进类 2 个，奖励 4 000 元/区队；机运通类 2 个，奖励 3 000 元/区队；其他类 1 个，奖励 2 000 元/区队。对各专业组的最后一名区队队长处罚 300 元。

(4) 上湾煤矿对矿班组建设考核排在前五名的区队进行奖励，第一名奖励 1 500 元、第二名奖励 1 200 元、第三名奖励 900 元、第四名奖励 600 元、第五名奖励 300 元。区队建设月度奖金大多数都在 5 000 元以内，和区队月度工资总额相比数量很少，激励力度不大。

各个煤矿区队建设奖金分配有只奖励干部、干部和员工分开奖励或干部和员工按比例分配、没有明确分配方式这三种类型。有明确资料可供统计的9个矿中，采用这三种方式的煤矿数量分别是1家、4家和4家(见表6-3)。我们认为，干部和员工按分开奖励或按系数分配方式比较好，容易调动各方面积极性。

表6-3　　奖金数量分配方式

	只奖励干部	干部和员工分开奖励或干部和员工按比例分配	没有明确说明
煤矿	补连塔	平沟、白芨沟、上湾、柳塔	利民、梅花井、金能、第一煤矿
家数	1	4	4

数据来源：根据调研资料整理。

除了奖励外，连带责任也是各个煤矿惯常采用的一种处罚方式。例如，宁煤金能公司在实行一票否决制的同时，对安全责任人、班组内部安全联保人等实行连带处罚。准能哈尔乌素煤矿也规定，在实行一票否决制的同时，班组长、队长等负连带责任。

为了提高考核效率，上湾煤矿和补连塔煤矿还对区队建设监督和执行部门制定了相应的处罚政策。上湾煤矿规定，矿班组建设相关职能部门指定专人进入考核小组。考核小组成员必须参加每月的检查督导和考评(特殊情况无法参加的，必须由矿班组建设领导办公室主任批准)，凡推诿扯皮或无故不参加督导和检查考评的成员，科室主任罚款300元，科室班组建设负责人罚款200元；班组建设中涉及的相关职能部门，不能按照职责履行班组建设责任或推诿扯皮、不能为班组建设考核提供相关准确信息和考核依据的，对相关科室主任罚款500元，具体责任人罚款200元；各区队党政一把手是班组建设的第一责任人，凡不按要求健全班组相关制度和考核细则，并且不规范组织开展班组建设活动，不及时公示、填写、报送各类报表或弄虚作假者，对该区队队长罚款500元，班组建设推行员罚款300元；各区队班组长是本班组日常开展班组建设的第一责任人，凡不按要求规范运行班组建设，不开展班组建设活动，对班组长罚款300元，副班长罚款200元；年度内凡连续三个月或累计五个月被评为“最差班组”的，所在班组班组长必须撤换，并不得参加年度内各类选先评优，所在区队党政一把手给予考核罚款2 000元。

补连塔煤矿的罚款细则包括：对于无故不参加班组建设例会的罚款200元/次；不按时考核区队、班组及没有及时将考核标准、考核结果录入班组建设管理系统的，对机关科室班组建设负责人罚款200元/次，对区队班组建设推行员罚款200元/次；对不按时上报考核结果的相关负责人罚款200元/次，并通报；对不配合矿班组建设负责人、机关科室班组建设负责人工作的，不按时上报有关班组建设工作信息的，对相关责任人罚款200元/次，并通报；对于责令整改的工作在复查时还未整改的，将对各队长及班组建设推行员罚款200元/次，通报批评；在各项考核中，如有弄虚作假行为，对各队长、书记及班组建设推行员罚款200元/次，取消该科室、区队、班组的评优资格，并通报批评。

6.3.4　区队建设效果定量分析

根据我们得到的考核数据，不同煤矿区队建设效果的定量分析如下：

宁煤金能公司2012年1月～2013年2月的区队班组建设考核分数的均值、方差变化见图6-3和图6-4。

补连塔煤矿和柳塔煤矿“八型”区队建设在2012年12个月的考核结果均值、方差分别见图6-5、图6-6、图6-7和图6-8。其中，补连塔煤矿综采类为组1，掘进类为组2，机运通类为组3，其他类为组4；而柳塔煤矿只有一个综采队，所以将综采、连采合并为采煤组 1,机运通类为组 2,其他类为组 3。

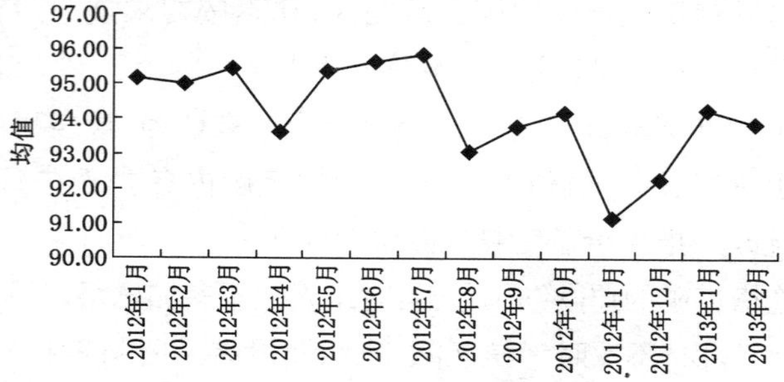

图 6-3 金能公司区队建设考核均值

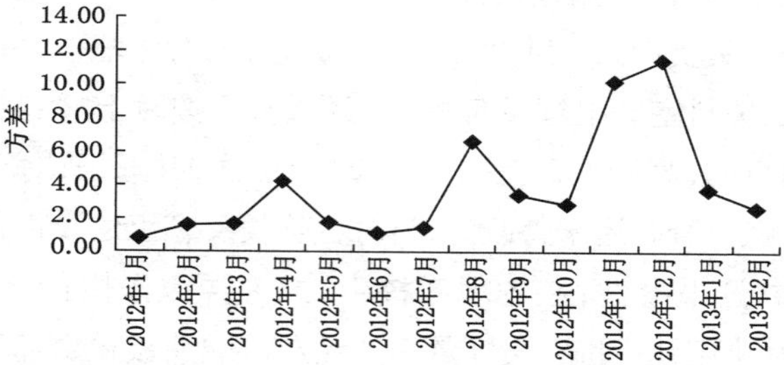

图 6-4 金能公司区队建设考核标准方差

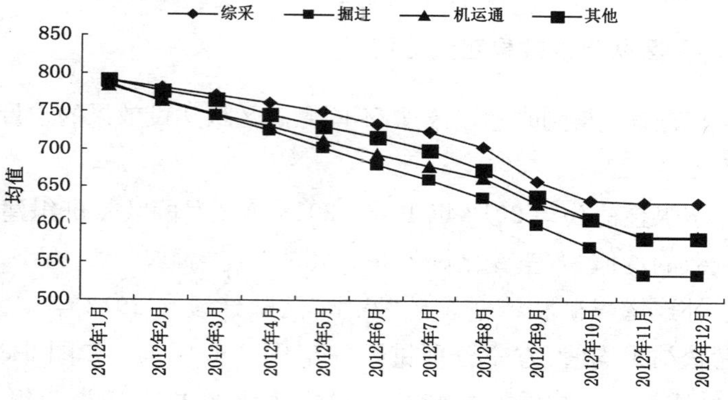

图 6-5 补连塔煤矿区队建设考核均值

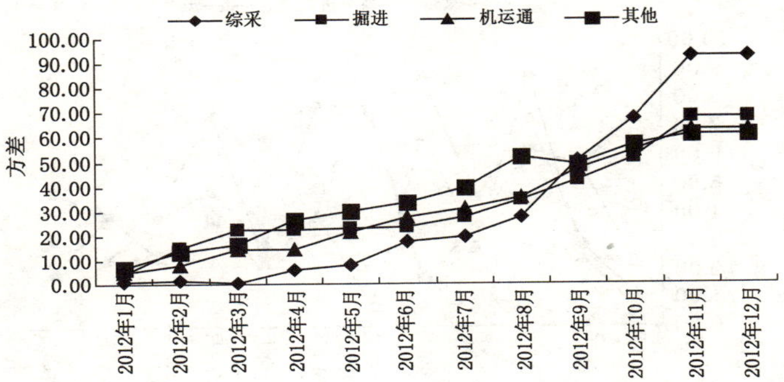

图 6-6　补连塔煤矿区队建设考核标准方差

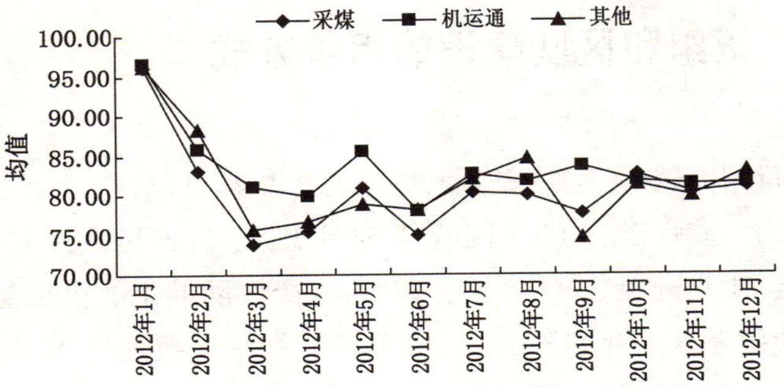

图 6-7　柳塔煤矿区队建设考核均值

从图 6-3、图 6-5 和图 6-7 可以看出，金能、补连塔、柳塔三矿均没有出现区队建设考核分数逐月增加趋势；从图 6-4、图 6-6 和图 6-8 可以看出，这三个矿也没有出现区队建设考核标准方差逐月缩小趋势。因此，定量数据无法证实目前区队建设办法对提高区队管理水平具有明显效果。

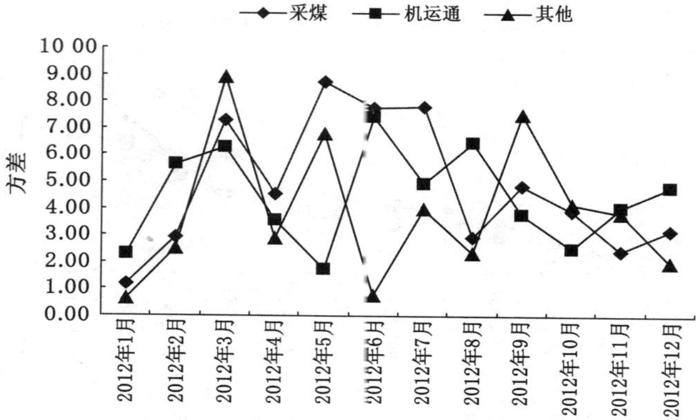

图 6-8　柳塔煤矿区队建设考核标准方差

6.4　班组和区队建设的组织方式

班组和区队是矿井安全生产管理的基本单位，数量众多。例如，神东上湾煤矿有 14 个区队共 54 个班组，补连塔煤矿有 16 个区队共 71 个班组，宁煤金能公司有 14 个区队共 182 个班组。伴随着绩效考核指标的不断细化，考核过程中需要耗费大量人力、物力来收集区队和班组资料和信息。自然而然地，简化流程、降低考核办法运行成本，成为决定一项制度安排能否被长期使用的关键因素之一。各个煤矿在制定考核办法过程中，都在不自觉地考虑着这个问题。我们主要从组织实施方式、考核周期、评审流程和考核重点等四个方面进行梳理，研究如何有效降低班组和区队建设方案的运行成本。

为了切实做好班组和区队建设的各项组织工作，各个煤矿均成立班组建设领导小组，领导小组下设办公室。作为班组建设的牵头部门，乌海、宁煤和大雁将办公室设在工会，神东设在生产调度中心或生产办，准能设在企业管理部。

煤矿班组和区队考核周期一般以月度为主。

全面评审还是申报制。各个煤矿的班组和区队建设一般都是按照月考核、月兑现、季初评、年总评的方式进行的，加之考核指标既广且多，考核人员配备较少，因此考核工作任务繁重；相关责任人员需要在规定期限范围内对各区队或班组员工进行全面考核评审，检查各工种或岗位安全生产责任落实情况及现场管理和隐患整改措施，并进行奖罚表彰，考核过程如何保障质量成为问题。为了减少工作量、保证评审质量，利民煤矿将全面评审改为申报制，具体做法是月底由各厂、矿组织班组申报，月初公司班组建设考核工作组根据各厂、矿申报情况进行检查验收，对合格班组进行抽查，对优秀班组进行复检，将抽查、复检的考核意见上报公司考核领导小组；对退步的班组，要求限期整顿，并给予处罚。

考核材料收集和指标考评方式。宁煤白芨沟煤矿和神东的上湾、补连塔、柳塔煤矿等采用按职能部门分工进行考核材料收集和指标考评。例如，白芨沟煤矿在《班组建设标杆科队考核细则》中明确规定，安全管理由安全管理科负责，生产管理由生产技术科负责等。

考核重点以区队为主还是以班组为主。煤矿区队是煤矿企业经营计划实施的主体，也是各项经济技术指标完成的载体，而班组是各项安全生产任务最直接的组织者与参与者，员工素质及其作业质量是决定企业生产经营状况的重要因素。为提高区队和班组建设水平，保障建设活动的顺利开展，各个煤矿在建设活动中应当是以区队考核为主还是以班组考核为主进行了探索。

(1) 宁煤金能公司按照班组考核结果的好坏评估区队建设成效，规定月度明星班组奖励 1 000 元，月度特色班组奖励 800 元；

月度考核有一个明星班组或特色班组的区队不奖不罚，有两个明星班组或特色班组奖励区队 500 元，每增加一个增加奖励区队 300 元。季度和年度考核奖励方法与月度类似。同理，对年度不合格班组罚款 3 000 元，若区队两次出现不合格班组，罚款该区队 5 000 元。

(2) 乌海平沟煤矿及神东上湾、补连塔和柳塔煤矿选择以区队考核为主的方式进行绩效评审。

(3) 宁煤白芨沟煤矿、梅花井煤矿采用的是将区队和班组分开考核的办法。

6.5 主要结论

经过多年摸索，神华集团下属煤矿根据自身生产经营特点，已经形成一套班组和区队建设的基本办法。通过本章对班组和区队建设实践活动的梳理，根据煤炭行业特点，我们得到以下结论。

(1) 班组建设

考核指标中安全管理类指标分数或权重应该大于或等于生产类指标分数或权重，安全一票否决制应该在考核中体现出来。

在班组建设考核分数核算过程中，应该将班组日常考核和重点抽查相结合，适当提高重点抽查比重。利用限定竞赛资格方式，可以节省考评工作量，提高效率。

各个煤矿各月奖励名额基本合理，但是奖励金额稍微偏低，目前工资水平下对班组吸引力不大。另外，明确规定班组内奖金分配办法，可以避免暗仓操作，充分调动广大职工积极性。

(2) 区队建设

部分煤矿的安全管理指标的权重过小，安全一票否决强调不够；加上区队之间差异性考虑不充分，奖励金额不大，致使区队建设效果不理想，对安全的保障作用不显著。

(3) 班组和区队建设组织方式

经过综合分析各个煤矿的班组和区队建设组织方式，我们认为，以月度为考核周期，由生产办或企管办负责组织，将考核指标分解到职能科室，班组建设考核实行申报制并辅以复审、抽查等考核机制，以班组考核结果反映区队建设绩效重要内容等方式组织班组和区队建设，运行成本较低，有利于推动班组和区队建设向更好发展。

目前我们的定量分析班组和区队建设对促进班组和区队管理水平提高效果还不明显，可能与班组和区队建设奖罚力度有限有关。另外，安全管理只是班组和区队建设的一项内容，和安全结构工资办法、安全风险抵押办法相比，班组和区队建设中经济激励机制对于安全的促进作用力度有限，更多是起到辅助作用。我们在后面安全经济激励机制设计中，对班组和区队建设不再重点考虑。

第7章
违章查处研究

除了前面介绍的正向激励方法,违章查处是广泛使用的负向激励方法。通过对有可能造成安全事故的各种违章行为进行物质或精神惩戒,违章查处可以遏制不安全行为,促进安全生产。本章主要讨论所调研煤矿的“三违”查处基本情况、影响“三违”查处数量的因素、“三违”查处数量与实际“三违”数量之间的关系以及政策建议等。

我们使用的数据和资料主要来自各矿安全监管部门。从安监部门调研得到安监员管理规定、违章和隐患查处办法、各矿2012年全年和2013年第一季度违章查处记录(包括违章人员的姓名、单位、工种以及具体的违章时间、行为、处罚方式和检查人员等),共计10 378条。

7.1 “三违”查处基本情况

7.1.1 “三违”查处总体情况

我们共搜集了 10 个矿的 10 378 条不安全行为查处记录，详细情况见表 7-1。从表中数据可以看出，各矿月均违章查处次数差距较大，查处次数最多的雁南、梅花井和上湾三矿分别为 140、139 和 112 次，是次数最少的利民和金能两矿 21、24 次的 3 倍多。

表 7-1　各矿“三违”查处情况

煤矿	每月平均“三违”查处次数	煤矿	每月平均“三违”查处次数
利民	21	平沟	62
白芨沟	52	梅花井	139
金能	24	补连塔	61
上湾	112	柳塔	64
雁南	140	第一煤矿	97

数据来源：根据调研资料整理。

7.1.2 “三违”查处次数与安全水平的关系

一般认为，“三违”查处次数和安全水平之间存在着反比关系，即“三违”查处次数越多，不安全行为就越多，说明安全水平比较差。为了研究“三违”查处次数与安全水平之间的关系，我们需要用适当指标来衡量各个矿的安全水平。通常衡量安全水平的指标主要是年度百万吨死亡率或千人死亡率。2012 年，神华集团百万吨死亡率为 0.004 3，集团内许多煤矿年度百万吨死亡率已经达到 0。考虑到单个年度的百万吨死亡率或千人死亡率无法衡量各个煤矿之间的安全水平高低，我们使用国家煤矿安全监察局公布的安全生产 1 000 天以上的煤矿安全生产天数作为衡量安全水平的指标。这个指标可以反映煤矿保持零死亡的跨年天数，天数越长，安全水平越高，一定程度上可以避免年度内安全水平无法划分差距的问题。截止 2012 年 12 月 31 日，我们所调查矿井的安全生产天数和违章查处次数见表 7-2，两者之间的直观关系如图 7-1 所示。可以看出，实践中并不存在“三违”查处次数越少、安全水平越高的这种反比关系。特别是平沟、柳塔和利民三矿的“三违”查处次数最少，但是安全水平却相对较低。

表 7-2　　安全生产天数和违章查处次数

煤矿	安全生产天数	每月平均“三违”查处次数
补连塔	4 519	61
第一煤矿	2 388	97
白芨沟	2 118	52
雁南	2 069	140
金能	1 779	24
梅花井	1 116	139
上湾	<1 000	112
平沟	<1 000	62
柳塔	<1 000	64
利民	<1 000	21

资料来源：国家安全生产监督管理总局网站。只公布（截止 2012 年 12 月 31 日）达到或超过 1 000 天的矿井名单，没有在名单上意味着安全生产天数少于 1 000 天。

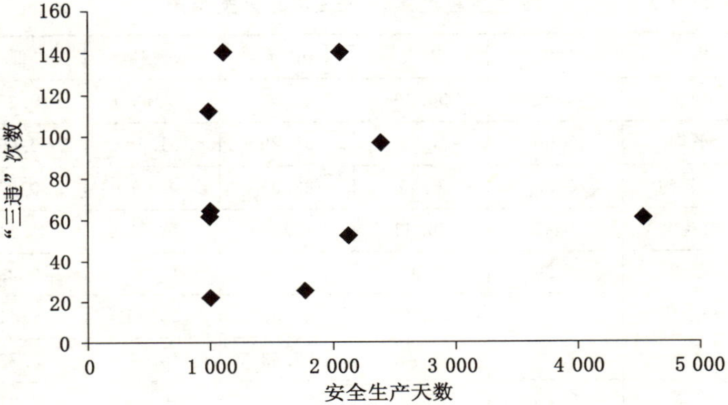

图 7-1　“三违”与安全关系

一般情况下,不安全行为越严重,引致事故的可能性和危害也就越大。为了便于各煤矿之间进行横向比较,我们以神东上湾煤矿不安全行为的分级标准为基准,对所有煤矿不安全行为逐个进行分类。表 7-3 所示是按严重程度区分“三违”行为得到的分类结果。从表中可以看出,不同煤矿查处最多的“三违”是中等级别,范围从 83.03%到 35.29%不等;特大和低这两个级别的比例较低,特大级别的“三违”最高比例仅为 1.35%,低级别的“三违”最高比例也只有 1.73%,大部分煤矿的特大和低级别“三违”比例都在 1%以下,有些煤矿甚至为零;各等级不安全行为的分布基本合理。此外,对于特定煤矿,如果重大及以上不安全行为次数比较多,那么安全水平应该比较差,重大及以上不安全行为次数和安全水平之间应该存在着反比关系。但我们将重大及以上不安全行为次数和安全生产天数放在一起对比(如表 7-4 和图 7-2 所示),却不能得出这两者之间存在反比关系的肯定论断。

表 7-3　　按严重程度区分“三违”的分类结果　　%

煤矿	特大	重大	中等	一般	低
利民	0.00	50.69	40.97	7.99	0.35
平沟	0.00	3.21	35.29	61.50	0.00
白芨沟	0.55	6.76	83.03	8.69	0.97
梅花井	1.35	36.62	47.45	13.47	1.11
金能	0.28	6.35	77.62	15.47	0.28
补连塔	0.00	28.28	47.95	23.36	0.41
上湾	1.17	29.48	58.63	10.11	0.73
柳塔	0.21	25.16	53.44	20.98	0.21
雁南	0.42	11.71	77.30	8.84	1.73
第一煤矿	0.26	8.38	49.74	40.59	1.04

数据来源：根据调研资料整理。

表 7-4　　重大及以上“三违”次数与安全天数

煤矿	安全生产天数	每月平均重大及以上“三违”次数
补连塔	4 519	17
第一煤矿	2 388	8
白芨沟	2 118	4
雁南	2 069	17
金能	1 779	2
梅花井	1 116	66
上湾	<1 000	46
平沟	<1 000	1
柳塔	<1 000	20
利民	<1 000	12

数据来源：根据调研资料整理。

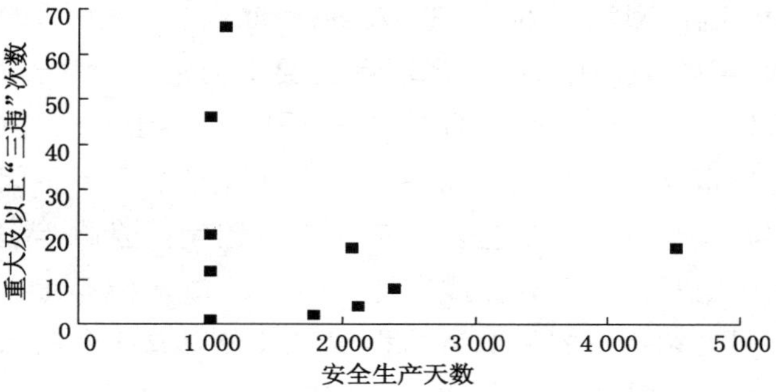

图 7-2　重大及以上“三违”次数与安全关系

7.2　影响“三违”查处次数因素研究

前述分析表明，调研数据无法证实“三违”查处次数或重大及以上“三违”查处次数与安全水平之间的反比关系，因此，我们需要进一步解释“三违”查处次数究竟由什么因素决定。根据安全经济激励理论研究可知，“三违”查处次数由安全监察人员和井下职工双方行为共同决定。在井下职工违章频率不变的情况下，安监员查处频率越高，“三违”查处次数就越多；在安监员查处频率不变的情况下，职工违章频率越高，“三违”查处次数也越多。下面我们从安监员查处频率和职工违章频率两个方面研究“三违”查处次数的决定机制。

7.2.1　安监员“三违”查处任务

安监员是煤矿安全管理的一线人员，其主要工作是对煤炭采掘和运输等生产过程进行监督和管理。作为监管的代理人，安监员抓“三违”的努力程度往往受到自身因素（不愿付出过多劳动)和工作环境(抓的“三违”人多,得罪人多)两方面的影响。一方面,煤矿井下工人的生产活动需要安全监管;另一方面,安全监管好坏取决于安监员的工作努力程度。由于对安监员工作努力程度很难进行考核,特别是当井下安全取决于多种因素时,很难界定安全生产中安监员的努力贡献程度。因此,大多数煤矿规定安监员每月必须完成查处“三违”的数量指标,这个指标是安监员必须付出的最低努力程度。只有完成这个最低指标,安检员才可能获得当月收入,否则将受到相应处罚。表 7-5 列出了各个煤矿制定的安监员“三违”查处任务。需要指出的是,大雁公司并入神华集团较晚,其下属煤矿安全激励和监管方式与其他四家公司不同,后面将单独讨论;准能公司所属煤矿为露天煤矿,调研中获取的“三违”查处次数极少,没有分析意义,这里未进行讨论;乌海、宁煤和神东这三家公司所属煤矿安全监察员每月“三违”查处都有任务规定。其中,“三违”指标最高的是神东集团上湾煤矿,安监员每月不少于 60 分的任务,按照一般查处较多的中等风险 12 分来计算,每月需要查处 5 人次。

根据表 7-1、表 7-5 和井下职工人数,我们计算得出每个井下职工每月可能被安监员查处的次数和实际被查处的次数,具体结果见表 7-6。表中,第 6 列月“三违”查处总指标等于安监员人数乘以安监员月“三违”查处指标,实际“三违”查处任务总指标应该比这个数值大。每个矿还另外规定了管理人员的“三违”查处指标,但由于各矿对该指标要求的强制性不同,难以计算相应的实际查处指标,故简化处理,略去了对管理人员“三违”查处指标的分析。月“三违”查处总指标除以井下职工人数,就是第 7 列井下职工月可能被查处“三违”次数。第 8 列井下职工月实际被查处“三违”次数等于第 2 列“三违”查处次数除以第 3 列井下职工人数。我们将第 7、8 两列数值用散点图表示为图 7-3。

从表 7-6 和图 7-3 可以看出，井下职工月实际被查处“三违”次数和可能被查处“三违”次数之间成正比关系。由此我们推断，在井下职工人数和安监员人数不变情况下，“三违”查处总指标越高，井下职工“三违”被查处次数越多。

表 7-5　　煤矿安监员“三违”查处任务

公司	煤矿	安监员人数	“三违”查处指标	未完成的处罚
乌海	利民	22	3 人次	罚款 200 元
	平沟	53	2 人次	本安扣 3 分
宁煤	白芨沟	40	1 人次	金额处罚，本安扣 2 分
	梅花井	106	1 人次	罚款 100 元
	金能	105	班组 4 人次	罚款 200 元
神东	补连塔	8	2 人次，自营 1 次	罚款 200 元
	上湾	36	不少于 60 分	罚款 300 元，本安扣 10 分
	柳塔	7	2 人次，自营 1 次	罚款 200 元
准能	黑岱沟	7	2 人次	本安扣 2 分
	哈尔乌素		3 人次	
大雁	第一煤矿	16	无	
	大雁	14	无	

数据来源：根据调研资料整理。

表 7-6　　井下职工月可能被查处次数和实际查处次数

煤矿	“三违”查处次数	2012 年井下职工人数	安监员人数	安监员月“三违”查处指标	月“三违”查处总指标	月可能被查处“三违”次数	月实际被查处“三违”次数
(1)	(2)	(3)	(4)	(5)	(6)	(7)	(8)
利民	21	503	22	3	66	0.131	0.042
平沟	62	878	53	2	106	0.121	0.071
白芨沟	52	1 180	40	1	40	0.034	0.044

续表 7-6

煤矿	“三违”查处次数	2012 年井下职工人数	安监员人数	安监员月“三违”查处指标	月“三违”查处总指标	月可能被查处“三违”次数	月实际被查处“三违”次数
梅花井	139	2 196	106	1	106	0.048	0.063
金能	24	2 338	105	4 人次/区队共 12 区队	120	0.051	0.010
补连塔	61	1 646	8	2	16	0.010	0.037
上湾	112	1 163	36	5	180	0.155	0.096
柳塔	64	517	7	2	14	0.027	0.124

数据来源：根据调研资料整理。

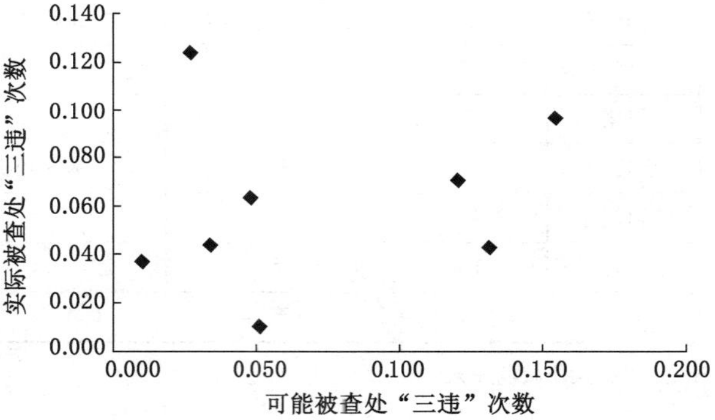

图 7-3 实际被查处“三违”次数和可能被查处“三违”次数关系

7.2.2 违章处罚力度

违章处罚包括两个方面：一是直接罚款；二是间接处罚，如安全风险抵押金和安全结构工资扣减、各种先进评选资格取消等。下面分别叙述这两种处罚方式。

1. 直接罚款

各矿违章处罚数据整理见表 7-7。其中，第 2 列是平均每次违章罚款金额，乘以第 3 列人均月“三违”次数，就得到第 4 列井下职工每人月均预期违章罚款金额。可以看出，平均每次罚款金额在 40～894 元之间，相差比较大；但由于井下职工不是每个月都会被处罚，因此分摊到每个月后预期违章罚款金额在 1～33 元之间，这个数额带来的负担并不大。

表 7-7　各矿违章罚款金额

煤矿	平均每次罚款金额/元	人均月“三违”次数	每人月均罚款金额/元
(1)	(2)	(3)	(4)
利民	184	0.042	8
白芨沟	188	0.044	8
梅花井	187	0.063	12
金能	99	0.01	1
补连塔	894	0.037	33
柳塔	139	0.124	17
雁南	40	0.152	6
第一煤矿	57	0.127	7

数据来源：根据调研资料整理。

2. 间接处罚

间接处罚涉及各种先进评选资格取消问题，由于相关资料收集较为困难，我们这里只重点汇总安全风险抵押金和安全结构工资扣减的相关情况，具体见表 7-8。

表 7-8　　煤矿“三违”间接处罚规定

煤矿	安全结构工资	风险抵押金		安全奖	其他
		区队	个人		
利民			一次不兑现，二次扣除本金		3～7天的培训
白茇沟			C类扣20%，B类扣50%，A类不兑现		2次，7天培训
梅花井	扣除		不兑现		3次以上，10天培训
上湾		1. 带班队长年度不安全行为扣分48～72分，年度兑现90%；72～100分，年度兑现80%；大于100分，年度兑现50%。 2. 队长年度不安全行为扣分150～240分，年度兑现90%；240～300分，年度兑现80%；大于300分，年度兑现50%。	扣分16～24分，当月不兑现；大于24分，当月本金沉淀		
补连塔		单位在季度内平均每月发生1～5起“三违”，所有人员只兑现季度抵押金50%～90%；季度内平均每月发生6起及以上“三违”，所有人员本季度风险抵押金不予兑现。		与10种奖项挂钩	
柳塔		一人次一般不安全行为，扣除本区队当月风险抵押金兑现总额的5%；一人次中等不安全行为，扣除本区队当月风险抵押金兑现总额的20%；一人次重大不安全行为，扣除本区队当月风险抵押金兑现总额的40%。		取消评优、转正资格	一般，2天；中等，5天；重大，7天

数据来源：根据调研资料整理。

各个公司工资水平、安全风险抵押标准存在差异，跨公司横向比较不同煤矿间的违章处罚力度存在较大困难。但各个公司内部煤矿间的工资差距较小、安全风险抵押办法相近，违章处罚力度容易比较。因此，我们重点对各个公司内部不同煤矿的违章查处力度进行横向比较。宁煤公司内部梅花井煤矿和白芨沟煤矿每次“三违”直接罚款相当；梅花井煤矿职工出现一次“三违”行为，扣除当月安全结构工资，并且安全风险抵押金不兑现；白芨沟煤矿职工出现一次“三违”行为，不扣除安全结构工资，并在 A、B、C 类不安全行为中符合 A 类时安全风险抵押金不兑现。所以，可以推断，梅花井煤矿对“三违”行为处罚要严于白芨沟煤矿。神东公司内部出现“三违”不涉及安全结构工资，只和安全风险抵押金有关。上湾煤矿出现一次“三违”行为，队长和职工本人安全风险抵押金受到影响；补连塔煤矿出现一次“三违”行为，季度内全队“三违”次数累计到一定程度，全队安全风险抵押金受到影响，个人不直接受到影响；柳塔煤矿出现一次“三违”行为，全队安全风险抵押金直接受到影响。可见，这三个矿中柳塔煤矿的违章处罚最为严厉。

如果一项处罚足够严厉，那么将产生威慑作用，使得工人减少违章次数，工人被查处的次数也将减少。结合上述对比分析，宁煤公司内部梅花井煤矿“三违”处罚力度大于白芨沟煤矿，神东公司内部柳塔煤矿“三违”处罚力度大于上湾煤矿和补连塔煤矿。但是，表 7-6 第 8 列却显示，梅花井煤矿井下职工“三违”实际被查处次数高于白芨沟煤矿；柳塔煤矿井下职工“三违”实际被查处次数同样高于上湾煤矿和补连塔煤矿。并且，乌海公司利民煤矿罚款金额和安全风险抵押金扣除也不算严格；大雁公司所属两矿的处罚金额也不算高。因此，我们推断，目前各个煤矿的违章处罚力度尚不足以产生威慑作用，对井下职工“三违”行为起不到有效遏制作用。

7.3 “三违”查处次数与实际“三违”数量：大雁模式

工人每一次违章都可能导致事故发生并带来人身伤亡或财产损害，因此，煤矿安全水平高低和工人“三违”行为次数之间呈反比关系。工人“三违”被查处次数是指工人实施不安全行为或违章，被安全监察人员和其他管理人员发现并处理的次数。由于安全监察人员和管理人员不可能时时刻刻监督工人的一举一动，换言之，工人采取的“三违”行为不可能全部被发现。因此，工人实际“三违”次数和“三违”被查处次数不一致，会使“三违”被查处次数和不安全行为之间的关系不明确，进而使得“三违”被查处次数和安全水平之间构不成反比关系。这和前面我们已经用调研数据证实的结论一致，“三违”被查处次数主要取决于安全监察人员和管理人员查处任务的数量大小，和安全水平没有明显联系。

在安全经济激励理论部分讨论违章处罚机制时，我们建立工人采取安全行为的条件是：

$$p(F+A)>L \tag{7-1}$$

其中，企业对工人随机检查的概率为 p，由安全监察人员和管理人员的查处次数决定；F 和 A 分别代表违章罚款和安全奖励；L 代表按照安全规程生产、遵章守纪的成本。

根据式(7-1)，p、F 和 A 共同决定工人是否主动采取安全行为。不仅使用奖励或处罚办法可以达到减少不安全行为的目的，违章查处频率也是影响工人是否采取不安全行为的重要因素。但是，在其他两个因素不变的情况下，如果另一个因素影响太小，那么会诱使工人采取不安全行为。目前神华集团内部各个煤矿违章处罚金额过低，对违章没有遏制作用就属于这种情况。自然地，增加违章处罚力度，便是减少不安全行为的合理途径之一。

当然，在其他两个因素不变的情况下，如果另一个因素影响足够大，那么也可以保证工人主动采取安全行为。从式(7-1)可以看出，企业对工人随机检查概率 p 足够大，可以导致 $p(F+A)>L$ 成立，工人将主动采取安全行为。大雁公司所属煤矿目前采取的安全监管模式就属于这种情况。从激励角度看，大雁模式主要有两个特点：一是侧重于负向激励。目前乌海、宁煤、神东、准能公司都是采用安全风险抵押、安全结构工资与"三违"查处等正负向激励相结合的办法，引导职工主动采取安全生产行为。大雁公司加入神华集团较晚，截至我们调查时间还没有引入安全风险抵押和安全结构工资等正向激励办法，工资分配中只有传统的安全奖，且吨煤安全奖约1元钱，几乎可以忽略不计；公司下属煤矿对工人安全行为的激励手段主要依靠违章罚款。二是安全监管人员没有每月违章查处任务，但是有调动安全监管人员积极性的一套办法。为了了解安全监督人员管理办法，我们召开了三个座谈会：矿主要领导座谈会、公司和矿安全监管部门领导座谈会和矿安全监管员座谈会。通过这三个座谈会，我们了解到第一煤矿、雁南煤矿安全监管人员的激励办法主要是：① 每个安监员每班结束，必须提交巡查日志。② 每月安监科根据巡查日志和其他资料对各位安监员绩效作出综合评定，综合考评将考虑"三违"查处数量、工作态度和工作质量等因素。③ 安监科内部奖金分配由安监科对各位安监员综合考评结果决定。④ 某个单位发生安全事故，当班巡查安监员将承担连带责任。概言之，这套激励办法没有简单使用"三违"查处数量来衡量安监员的工作好坏，而是将工作态度和工作质量也作为重要指标；将巡查单位安全事故与安监员工作好坏相联系，一定程度上增加了安监员的工作责任心；

通过激励安监员重视监察质量,避免了为完成任务而走形式的现象出现。

图 7-4 给出了各个矿每月人均被查处的“三违”次数。从图中可以发现,雁南煤矿和第一煤矿安监员虽然没有违章查处任务,但是两个矿每月工人被查处“三违”次数是我们调查煤矿中最高的。第一煤矿和雁南煤矿安全生产天数分别是 2 388 天和 2 069 天,分列所调研 10 个井工矿的第 2 名、第 4 名,安全水平也是我们所调研煤矿中最高的。大雁公司的经验说明,不使用安全奖励,通过加强“三违”查处,同样可以起到保证煤矿安全生产的效果。

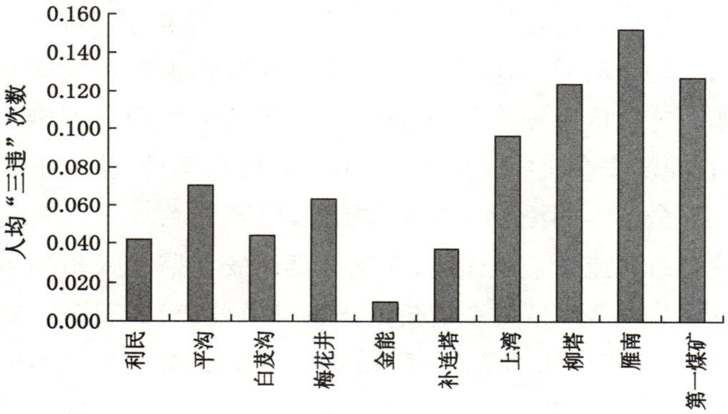

图 7-4 月人均被查处“三违”次数

7.4 主要结论

从管理角度保障煤矿安全生产,需要两方面的力量:一是生产第一线的广大职工;二是安全监管相关部门的管理人员。目前实行安全风险抵押和安全结构工资的主要目的是调动生产第一线职工的安全生产积极性、主动性,而“三违”处罚办法主要考虑的是如何减少井下职工的不安全行为。根据7.3节分析,我们知道,要使“三违”处罚办法发挥作用,除了加大罚款力度外,调动安全监管人员的积极性同样非常重要。但是,规定每位安监员或管理人员每月“三违”查处任务的办法只能保证相关人员在安全监管过程中付出最低程度的努力,在实际执行过程中,一部分人员往往以随意查处“三违”的方式来应付考核,使得办法效果大打折扣,甚至连最低努力水平也无法保证;前述关于违章查处次数和安全水平没有明显联系的分析结论也从另一个侧面表明,简单规定“三违”查处任务的办法是无法有效调动安全监管人员积极性的。

为了改变这种安全监管相关部门只起监督辅助作用、安全工作主要依靠生产一线职工的管理思路,可供操作的政策建议是:学习大雁公司管理经验,根据安全监管人员工作特点,设计调动安全监管相关人员积极性的激励机制,确保他们真正成为保证安全生产的最后一道屏障。也就是说,通过让安全监管相关人员和生产一线职工一样,成为安全生产的主角,可以促使“两个轮子”共同运转,推动煤矿安全水平驶向新高。

第8章 案例研究：补连塔煤矿安全经济激励机制

前面各章主要从子分公司之间横向比较角度梳理神华集团煤矿安全经济激励机制。为了增加研究纵深，本部分以神东公司补连塔煤矿为例，剖析煤矿、区队、区队内部安全经济激励机制及相互关系。安全奖罚办法是工资分配办法的一部分，往往由人力资源部门和安全管理部门共同实施，我们从分析工资分配办法开始，介绍安全奖罚办法，并讨论工资分配办法中隐含对生产和安全激励的机制。本部分主要内容有：神东公司对矿工资分配及安全经济激励机制；补连塔煤矿对区队工资分配及安全经济激励机制；区队内部工资分配及安全经济激励机制；补连塔煤矿安监员经济奖励办法。

8.1　神东公司对矿工资分配及安全经济激励机制

子分公司对矿工资分配包括两个方面：① 对矿长及其他领导班子成员工资分配；② 对全体职工工资分配。神东公司对矿长及其他领导班子成员工资分配办法统一执行集团制定的办法。集团制定的矿长及其他领导班子成员工资分配办法在前面已经有专门研究，这里不再讨论。下面重点研究神东公司对煤矿职工工资分配办法及安全经济激励机制。

8.1.1　职工工资总额分配办法

按照神东公司人力资源部制定的月度工资结算办法，补连塔煤矿职工月度工资计算办法是：

工资总额＝定额工资×70％＋安全结构工资＋绩效工资　　(8-1)

工资总额各项计算办法为：

(1) 定额工资

定额工资＝综采区队定额工资＋掘进区队定额工资＋辅助区队定额工资＋机关人员定额工资

定额工资各项计算办法是：

综采区队定额工资＝采煤面当月实际产量×吨煤单价

掘进区队定额工资＝掘进队当月实际进尺×每米单价

辅助区队定额工资＝采掘队定员人均工资×辅助区队挂钩比例×辅助区队人数

机关人员定额工资＝采掘队定员人均工资×机关挂钩比例

×机关人员人数

(2) 安全结构工资

安全结构工资=定额工资×30%×根据事故情况兑现比例

根据事故情况兑现比例规定如下:

① 发生1起3人及以上死亡事故,安全结构工资不予兑现。

② 发生1起2人死亡事故,职工当月安全结构工资兑现50%,其中发生死亡事故所在科队职工当月安全结构工资不予兑现;

③ 发生1起1人死亡事故,职工当月安全结构工资兑现75%,其中发生死亡事故所在科队职工当月安全结构工资不予兑现。

(3) "五型"企业绩效工资

神东公司企管部根据对各矿"五型"企业各项指标考核结果,按得分高低进行排队和分类;按照各矿分类结果得到各矿人均月度绩效工资。根据我们调查,神东公司人均绩效工资占人均月度工资的比例在10%以内。

8.1.2 现行工资总额分配办法对产量和安全的激励作用

从上面介绍的工资总额分配办法可以发现,现行工资总额分配办法具有以下特点:① "五型"企业绩效工资占工资总额比例较小;② 掘进区队工资分配办法与采煤区队类似,均实行计件工资;③ 辅助区队和机关分配办法相似。

为了分析现行工资分配办法对产量和安全的影响,在保证分配办法基本特征不变的情况下,我们对工资分配办法进行以下简化:①"五型"企业绩效工资占工资总额比例较小,而且本质安全型考核只是五型中的一型,所以忽略"五型"企业绩效工资;② 将掘进区队工资分配办法看成与采煤区队工资分配办法一样,计算工资总额时只考虑采煤区队工资;③ 不考虑辅助区队和机关与采掘区队平均工资的挂钩比例之间差别，认为它们相等。

简化后，工资总额计算公式可以表示为：

工资总额＝定额工资×70％＋安全结构工资　　(2)

工资总额＝定额工资×70％＋定额工资×30％ ×安全结构工资兑现比例

＝定额工资×(70％＋30％×安全结构工资兑现比例)

＝(综采区队定额工资＋辅助区队和机关人员定额工资)×(70％＋30％×安全结构工资兑现比例)　　(3)

其中：

综采区队定额工资＝采煤面当月实际产量×吨煤单价

辅助区队和机关人员定额工资

＝综采区队定员人均工资×挂钩比例×辅助区队和机关定员人数

＝采煤面当月实际产量×吨煤单价/综采区队人数×挂钩比例×辅助区队和机关定员人数

将综采区队定额工资计算办法、辅助区队和机关人员定额工资计算办法带入公式(8-3)，工资总额计算公式可以表示为：

工资总额＝采煤面当月实际产量×吨煤单价×(1＋辅助区队和机关定员人数/综采区队人数×挂钩比例)×(70％＋30％×安全结构工资兑现比例)　(8-4)

从公式(8-4)可以发现：

(1) 工资总额中煤矿自身能够决定的因素只有煤炭产量(掘进进尺)和安全结构工资兑现比例。因此，只有通过增加产量(掘进进尺)和提高安全水平这两个手段，才能增加工资收入。

(2) 目前职工工资总额分配办法中，吨煤工资远大于吨煤单价，放大了生产一吨煤的好处。具体理由是：

由于挂钩比例在0.6～0.78之间，辅助区队和机关定员人数为360人左右，综采和连采人数在300人左右。

辅助区队和机关定员人数/采煤区队人数×挂钩比例＝1.2×挂钩比例＝0.72～0.94。

实际吨煤工资＝吨煤单价×(1＋辅助区队和机关定员人数/采煤区队人数×挂钩比例)＝1.72～1.94倍吨煤单价

可见，实际吨煤工资是采煤区队吨煤单价的1.72～1.94倍，辅助区队和机关人员工资高低同样取决于煤炭产量多少。采掘区队生产压力不仅来自于自身，也来自于其他部门。

(3) 发生1起死亡1人事故情况下，安全结构工资兑现比例为75％。这和没有发生死亡事故相比，工资总额减少比例＝30％×(1－75％)＝7.5％，相当于实际产量减产7.5％对工资带来损失。或者说，增加产量7.5％左右就可以弥补发生死亡1人事故带来的安全结构工资损失。

根据上面三点，我们认为在生产和安全不可同时兼顾情况下，现行工资总额分配办法对产量刺激作用大于对安全刺激作用。神东公司各矿多年产量保持高产，现行工资分配制度起到较大激励作用。

8.1.3 神东公司对矿工资分配办法中的安全经济激励机制的进一步讨论

神东公司的煤矿职工现行工资总额分配办法沿袭1980年初开始在煤炭行业实行的吨煤工资包干办法。当时实行吨煤工资包干办法的主要目的是鼓励增加产量，安全生产不是考虑重点。目前神东公司的煤矿职工工资总额分配办法中加入了安全结构工资因素，这是对吨煤工资包干办法的一种改进，强调了安全生产的好处，一定程度上抑制了增加产量的动力。不过目前办法中仍是增加产量动力依然超过重视安全动力。需要我们深入思考的问题是如何在工资分配中处理好生产与安全之间的关系。

从第 1 章知道,国外学者认为计件工资制引起事故率增加的原因有:

(1) 实行计件工资,工人时间压力增加,激励他们提高生产速度,从而增加受到伤害的风险。

(2) 实行计件工资后工资不确定,工资将随产量变动而变动,可能会吸引爱冒风险的工人加入,从而增加事故风险。

(3) 实行计件工资,工资主要和产量多少挂钩,和其他目标(例如安全)联系较弱,工人在生产过程中为了追求经济效益容易忽视其他目标,盲目追求产量,导致事故增加。

现代采煤技术条件下劳动大小和产量高低之间联系减弱:

(1) 综采、综掘技术在煤矿已经普及,繁重体力劳动基本消除。

(2) 煤矿产量取决于由工作面采掘系统、运输系统、通风系统、外运装车系统等构成的生产系统的良好运行。

(3) 现代化生产系统整体运行节奏决定产量高低。

(4) 单个岗位工人劳动付出大小对产量的影响下降,劳动大小和产量高低之间联系减弱。

发达国家煤炭工业适应采煤技术的变革,将工资分配制度由以前实行的计件工资分配办法改变为计时工资加奖励分配办法。计时工资加奖励分配办法有以下好处:

(1) 计时工资加奖励分配办法减少了工人盲目增加产量的经济刺激。

(2) 鼓励工人按照正规流程组织生产,大大减少了和生产有关的不安全行为,为安全生产提供了重要保证。

我们认为这是发达国家煤炭行业安全水平保持较高水平的重要原因。

目前我国国有煤矿主要采用的是与落后采煤技术相适应的计件工资制度，这是沿用新中国成立初期建立的与炮采和手工采煤技术相适应的采掘区队工资分配办法——“圆班计件、分班计量、以分计资”。20世纪80年代初建立的煤矿全体员工工资和产量挂钩的吨煤工资包干挂钩办法（即神东公司实行的定额工资计算办法），进一步扩大了计件工资人员范围。计件工资制的核心是根据产量多少计算报酬高低，鼓励工人超产。毫无疑问，在这种工资分配制度下，“生产第一”优先于“安全第一”，“安全第一”思想贯彻缺乏经济基础，无法落在实处。

我国多数国有煤矿的生产技术水平和国外相比差距很小，但是主要采用以计件工资制为核心的分配制度。计件工资分配制度已经落后于生产力的发展，这是我国煤矿安全水平和国外相比还存在不少差距的重要原因之一。

8.2 矿对区队工资分配及安全经济激励机制

下面首先叙述矿对采掘区队和辅助区队工资分配办法，然后分析其中包含的安全经济激励机制。

8.2.1 矿对区队工资分配办法

(1) 矿对采掘区队工资分配办法

采掘区队实际工资总额

＝定额工资×98%×“五型”指标完成情况＋定额工资×2%＋“五型”企业建设达标奖罚

＝定额工资×(98%×“五型”指标完成情况＋2%)＋“五型”企业建设达标奖罚

＝实际产量×计件单价×(98％×"五型"指标完成情况＋2％)＋"五型"企业建设达标奖罚

(2) 矿对机电、运转队工资分配办法

机电、运转队实际工资总额

＝定额工资×98％×"五型"指标完成情况＋定额工资×2％＋"五型"企业建设达标奖罚

＝定额工资×(98％×"五型"指标完成情况＋2％)＋"五型"企业建设达标奖罚

＝服务采掘区队平均工资×挂钩比例×在册人数×(98％×"五型"指标完成情况＋2％)＋"五型"企业建设达标奖罚

8.2.2 矿对区队工资分配中的安全经济激励机制

从矿对区队工资分配办法可以发现其中的安全经济激励来自两方面：

(1) 区队安全结构工资

"五型"指标中包含本质安全型考核及奖罚,其中安全业务安保比重最多占30％。区队发生死亡事故,本质安全型考核将扣300分,定额工资98％部分将扣30％,相当于定额工资扣除29.4％,这部分就是区队工资中的安全结构工资。另外,发生未遂一般事故、未遂重大事故、轻伤、重伤,每起将分别扣10分、20分、30分和50分。

(2) "五型"企业建设达标奖罚

"五型"企业建设达标办法中规定,月度出现安全事故的区队执行一票否决,取消达标奖励资格。其中出现1起轻伤事故影响1个月;出现1起重伤事故,影响2个月;出现1起死亡事故,影响3个月。这部分也对安全生产起到一定激励作用。

8.3 区队内部工资分配及安全经济激励机制

下面首先介绍区队内部工资分配办法，然后分析其中包含的安全经济激励机制。

8.3.1 区队内部工资分配办法——按分分配

(1) 采掘区队内部工资分配

综采队和连采队工资分配办法基本相同。下面以综采队为例进行说明。

个人当日分数＝全班刀数×每刀分数/(全班所有岗位人员系数之和)×个人系数

全队月总分数＝所有人员分数累加之和

全队效益工资＝区队工资总额－(特殊工资＋加班工资＋短期学习＋年功工资＋入井津贴＋夜班津贴)

分值＝(全队效益工资－管理人员工资)/全队月总分数

个人计件工资＝全月个人分数×分值

个人月工资＝个人计件工资＋各种奖励＋各种津贴＋年功工资－罚款

(2) 辅助区队内部工资分配

辅助区队内部工资分配办法类似，下面以运转队内部工资分配办法为例进行说明。

数＝当日岗位标准分＋绩效奖罚分

全队月总分数＝所有人员分数累加之和

全队效益工资＝区队工资总额－(特殊工资＋加班工资＋短期学习＋年功工资＋入井津贴＋夜班津贴)

分值＝(全队效益工资－管理人员工资)/全队月总分数

个人岗位工资＝全月个人分数×分值

个人月工资＝个人岗位工资＋各种奖励＋各种津贴＋年功工资－罚款

8.3.2　区队内部工资分配中的安全经济激励机制

从上面介绍可以看出，区队内部工资分配办法中没有专门的安全奖罚办法，各个区队实行的与安全有关的奖罚制度由矿统一规定。相关奖罚制度分为两方面：

(1) 发生事故对区队安全结构工资和“五型”企业建设达标的扣发，导致区队工资总额减少，使得职工工资收入下降部分。

(2) 发生事故、违章、隐患直接对相关责任人的处罚，主要有责任状奖处罚、安全风险抵押金扣罚、员工绩效考核奖 C 类员工的处罚、违章处罚等。

我们计算了 5 种情况下各类人员的安全奖励和处罚占工资的比例，具体结果见表 8-1。其中“理想状况”是指没有发生违章、轻伤、重伤、死亡等事故。

表 8-1　安全奖励与处罚(不包括安全结构工资)占年工资比例(2012 年)　%

	理想状态	工人“三违”1 次	轻伤	重伤	死亡
采掘区队长	35.05	31.79	23.91	－6.26	－13.18
采掘工人——正式工	13.45	8.09	6.48	0.67～－2.62	－1.62
采掘工人——劳务工	17.57	8.90	5.34	－4.78～－13.06	－2.57

续表 8-1

	理想状态	工人"三违"1次	轻伤	重伤	死亡
井下辅助区队长	37.37	33.19	20.21	−6.34	−13.53
井下辅助——正式工	14.35	7.88	6.13	0.40～−3.44	−0.35
井下辅助——劳务工	14.25	6.91	3.52	−5.27～−13.56	−0.58
地面单位负责人	12.27	6.96	6.71	4.09	−3.44
地面单位员工	13.32	7.26	7.37	5.53	2.51

数据来源：根据调研资料整理。

注：安全奖励与处罚包括：责任状奖罚金、安全风险抵押金、"五型"考核"千分制"达标考核奖、员工绩效考核奖、违章罚款。

从表 8-1 中数据可以发现：

(1) 各类奖罚规定构成的奖罚体系对安全行为奖罚分明。从不违章、违章、轻伤、重伤到死亡事故，奖罚力度不断增加，有利于调动职工积极性。

(2) 区队干部奖罚力度远大于工人，有利于调动干部重视安全生产的积极性。

(3) 区队内部没有专门安全结构工资分配办法。若发生事故，均是矿直接对区队和相关责任人员进行处罚。

8.4 安监员经济激励办法

下面首先介绍现行安监员激励办法，然后对该办法进行分析。

8.4.1　安监员现行经济激励办法概述

安监员现行经济激励办法主要是执行矿《安全管理办公室内部考核管理办法》,主要内容是:

(1) 从思想作风及劳动纪律、工作业绩、安全这三个方面进行考核。

(2) 考核达不到要求,进行罚款和扣分。

(3) 全部规定中有 27 项涉及罚款、19 项涉及扣分。

(4) 只有两项奖励:每月查出重大安全隐患或不安全行为并及时汇报者,每次奖励 2 分,相当于每次奖励 200 元。

从这些办法中不难看出隐含以下思想:规定工作要求,达不到要求处罚,超过要求几乎都没有奖励。例如,规定每班查安全隐患数量不少于 2 条,达不到要求扣分,超过要求却没有奖励。

8.4.2　安监员现行经济激励办法效果分析

我们调研的神华集团 10 个矿中补连塔煤矿"三违"查处次数处于下游,在神东公司 3 个矿中补连塔煤矿"三违"查处次数最少。这在一定程度上说明补连塔煤矿安监员"三违"查处积极性并不高。

为了进一步判断影响安监员"三违"查处积极性的因素,我们将各个安监员 2012 年各月实发工资与反映各个安监员劳动成果好坏的因素,即抓"三违"次数、查隐患次数、处罚金额及出勤天数、工龄、岗位等级这 6 个因素进行回归,具体计算方法和结果如下。

(1) 计量分析方法:回归模型

分析安监员的收入状况和抓"三违"、查隐患、处罚金额、出勤天数、工龄、岗位之间的关系，模型如下：

$$Y = \alpha + \beta_1 SW + \beta_2 FINE + \beta_3 YH + \beta_4 DAY + \beta_5 GL + \beta_6 GW + \beta_7 XL + \mu$$

式中 Y——安监员 2012 年每月的实发工资；

SW——安监员每月抓“三违”的数量；

$FINE$——安监员每月“三违”处罚金额；

YH——安监员每月查隐患的数量；

DAY——安监员每月的出勤天数；

GL——安监员的工龄；

GW——安监员的岗位等级；

XL——安监员的学历。

(2) 计算结果

下面是回归分析结果。从表 8-2 中数据可以发现：

① “三违”查处次数、罚款金额和隐患查处次数 3 个变量对收入影响都不显著。

② 影响收入的因素主要是出勤天数和工龄。

根据定量分析结果，我们可以得到以下结论：使用现行工资分配办法，工作好坏对收入没有影响。其主要原因是分配办法中以负向激励为主，安监员的主要注意力集中在完成任务、不被扣罚工资上，对超额完成任务积极性并不大。

表 8-2　各个因素对安监员月工资的影响

自变量	系数 β	标准方差	t 值	Sig.
Constant	−2 922.768	1 430.992	−2.042	0.043
抓“三违”	7.679	26.476	0.290	0.772
罚金	0.029	0.018	1.579	0.117
查“隐患”	−15.155	11.563	−1.311	0.193

续表 8-2

自变量	系数 β	标准方差	t 值	Sig.
出勤	238.125	20.931	11.377	0.000
工龄	63.642	23.434	2.716	0.008
岗位等级	290.280	145.604	1.994	0.049
学历	37.085	51.800	0.716	0.476

我们必须考虑，安监员工作好坏对安全工作到底有什么影响？从煤矿角度看，如果每时每刻对每个岗位上的工人都进行检查，煤矿经济成本将会很高，因而只能采取定期或不定期的抽查策略。如果煤矿采取这个策略，工人会发现自己的“三违”行为或遗留隐患并不总是能够被查到，即偶尔违章一次被发现并被罚款的可能性不大。

工人在和煤矿相互博弈时，有两种行为可供选择：一是一直遵章守纪，安全生产；二是偶尔违章一次。煤矿需要设计一种制度，让工人比较后发现，一直遵章守纪安全生产要优于偶尔违章和遗留隐患。理论上可以证明：如果遵章成本一定，那么抽查概率、罚金和安全生产奖金等越大，工人安全生产收益越大，自觉减少违章行为动力越大。鼓励安监员积极查处违章和隐患，就是保证抽查概率维持在较高水平，从而让工人自己发现安全生产具有合理性。因此，安监员对“三违”和隐患查处的作用是让工人对违章和遗留隐患后果形成合理预期，减少未来违章和发生隐患的行为，促进安全生产。

我们认为多使用正向激励，奖励安监员积极查处不安全行为和隐患行为，可以减少工人事前的不安全行为，减少隐患，从而提高安全水平。

第9章 神华集团煤炭板块安全经济激励机制经验和需要完善的地方

9.1 主要经验

（1）已经形成比较完善的安全经济激励体系

通过提高矿长安全生产奖励力度和实行一票否决制，明确了煤矿管理者在处理生产和安全之间关系时安全生产的重要性；利用安全风险抵押办法和安全结构工资办法，理顺了工人在生产和安全中的经济关系；从子分公司决策层到生产一线，安全生产中关键岗位和关键人员的安全奖罚制度比较健全。这些制度和办法理顺了安全生产中的责、权、利，调动了各方安全生产积极性。

（2）建立了与现行安全管理体制相适应的安全绩效考核办法

经过多年研究和完善，神华集团已经建立了一整套适合自身经营管理和安全管理水平的本质安全管理体系建设办法。本质安全管理体系建设考核结果已经成为决定子分公司经营班子和煤矿经营班子岗位绩效年薪的重要因素；各类安全事故发生率既是本质安全管理体系建设考核指标中的重要内容，也是决定矿长安全奖、职工安全结构工资和安全风险抵押金的关键指标。本质安全管理体系建设好坏决定各类安全事故发生频率，安全经济激励机制作用大小也决定各类事故发生频率。通过完善本质安全管理体系建设办法，特别是完善本质安全管理体系建设考核指标体系和考核程序，可以为安全奖罚提供科学、准确的依据，增加安全经济激励的效率；通过完善安全经济激励机制，特别是设置合理的奖罚办法，可以增强职工安全生产积极性，从而提高本质安全管理体系建设水平。目前本质安全管理体系建设考核指标体系和安全经济激励机制中的考核办法相辅相成、相互促进。

(3) 安全经济奖罚办法中的奖罚力度与煤炭生产水平相适应

神华集团的安全经济激励机制确保了在安全工作中付出一定劳动投入可以获取合理的经济回报，从而在干部和职工中形成重视安全的内在动力机制，增强了安全生产的主动性。近年来，神华集团安全经济激励机制的最大变化是 2011 年对矿长安全奖进行重大调整，大幅度提高矿长安全奖励金额，这为我们观察安全经济激励机制对安全水平提高的作用提供了一个机会。从图 9-1 可以看到，2011 年神华集团提高矿长安全奖励力度后，煤炭板块安全水平上了新台阶。神华集团安全生产长期保持国际先进水平，除了先进的安全生产技术和本质安全管理体系建设不断完善外，也在一个侧面证明了目前安全经济奖罚办法中奖罚力度适中，保证了干部和职工安全生产积极性大小与煤炭生产的高效率相适应。

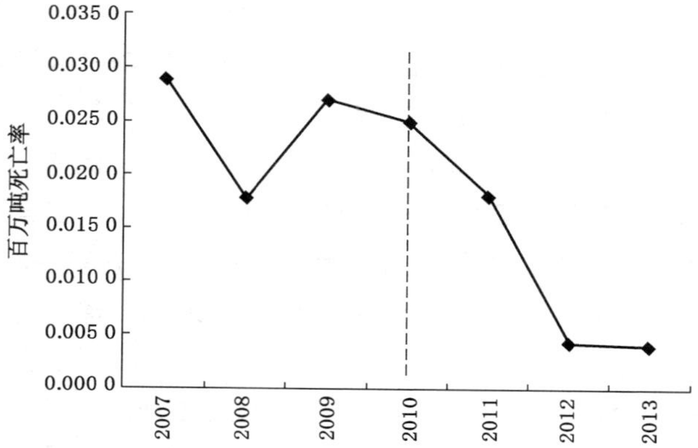

图 9-1 神华集团百万吨死亡率

9.2 需要进一步完善的问题

目前神华集团煤炭板块安全经济激励机制总体运行良好，只有个别问题需要进一步完善。需要强调的是，下面讨论的问题其他煤炭企业也存在，部分还是煤炭行业长期形成的习惯观念，并不是神华集团独有的。

(1) 神华集团内部计算和安全奖励有关的安全指标时，劳务工伤亡事故是否应该计算？

由于各种原因，劳务工等用工形式的工人已经是井下工人的重要组成部分，部分煤矿的劳务工已经占到井下工人的多数。如果计算伤亡事故指标时不计算劳务工，会在没有或较少使用劳务工、使用较多劳务工煤矿之间形成不公平，将挫伤没有或使用较少劳务工煤矿安全生产的积极性。另一方面，神华集团煤矿安全指标已经处于国际先进水平，在内部安全管理中应该拿着放大镜寻找问题,用比同行更高标准要求自己。将劳务工伤亡事故指标纳入集团内部安全考核指标,既可以解决煤矿之间公平性问题,又可以推动煤矿安全管理的全面性和难度,促进安全管理水平进一步提高。

(2) 安全奖罚人员范围。

神华集团实行安全风险抵押和安全结构工资时,大多数子分公司将全体正式工纳入奖罚范围,将劳务工排除在外,这也是煤炭行业的习惯做法。从安全经济激励机制理论知道,当某个人的行动对安全有影响时,对他的行为结果进行奖励或处罚,才能激励这个人事前采取有利于安全生产的行动;如果某个人的行为对安全生产没有影响,将安全生产结果与他的奖金挂钩,那么他只能靠运气获得奖金或被处罚,不管得到奖金还是被处罚均不公平。因此,和安全生产没有联系或联系不大的人员,不应该纳入奖罚办法,正式工全员纳入安全奖罚办法中并不科学,在苦脏累岗位工作的劳务工没有包括在安全奖罚办法中也不科学。

(3) 发生事故"连坐"范围。

神华集团各子分公司在对事故进行处罚时,事故越严重"连坐"范围越宽。安全生产过程是一个系统工程,管理人员不可能时刻对所有环节上的所有人员进行监督,采用"连坐"形式可以鼓励人们在自身重视安全生产的同时相互帮助、相互监督,一定程度上弥补了监督上的漏洞。但是"连坐"也存在三个局限:

一是将安全上联系不紧密的人员实行"连坐",使得人们自身在安全生产上的经济利益受到无法控制的其他人员行为的影响,将抑制人们自身重视安全生产的积极性。

二是"连坐"要求所有人同时重视安全,这需要同时满足所有人员在经济激励上的不同要求。理论上已经证明①,企业很难同时满足这些人员的不同要求。

三是"连坐"可能鼓励团队成员隐瞒事故。如果伤害不严重或事故容易隐藏,团队全体人员将倾向于隐瞒事故以获得奖金②③。如果隐瞒行为没有被发现或被处罚,将鼓励人们今后采取类似隐瞒事故行为。长此以往,人们可能形成这样看法:没有必要改进安全水平,企业领导只关心安全数字,并不关心安全本身。一旦形成这种看法,将对企业安全带来严重隐患。

综上所述,我们认为"连坐"范围不能太大,各类人员合理的"连坐"范围应该是:① 最好将"连坐"范围限制在本班组;② 区队管理人员奖罚与本区队直接或间接相关的事故联系;③ 煤矿职能部门管理人员奖罚主要与本部门直接或间接相关的事故相联系;④ 煤矿经营班子主要和本矿安全事故相联系。

我们建议取消目前广泛使用的死亡事故与全矿所有人员安全奖罚"连坐"的做法,死亡事故奖罚只与直接或间接责任班组"连坐",避免出现与死亡事故不相关人员受牵连的现象,减少"连坐"带来的负面效应。

(4) 奖罚标的——安全指标选择。

理论上看,大事故、小事故都证实工人采取了不安全行为,应该给予同样处罚。选择哪种事故作为奖罚标的,应该考虑考核对象是否容易隐瞒该事故。如果容易隐瞒该事故,就不应该选择该事故发生与否作为奖罚条件。

---

① James M. Buchanan, Yong J. Yoon: *Symmetric Tragedies: Commons and Anticommons*. Journal of Law and Economics, April 2000, 43(1), p1-14.

② Geller E. Scott: *The Truth about safety incentives*. Professional Safety, Oct 1996, 41(10), p34-38.

③ Dominic Cooper: *Psychology, Risk & Safety*. Professional Safety, November 2003, 48(11), p39-46.

(5) 发生相同安全事故,同一子分公司的安全结构工资办法和安全风险抵押办法奖罚条件不一致,没有形成合力。

(6) 子分公司董事长及经营班子薪酬办法需要完善问题。

安全责任期金没有起到调节安全经济激励力度的作用。根据我们的测算,安全相关年薪占年薪比重低于 20%,在发生极端安全生产事故情况下,董事长年薪仅下降 10%左右。另外,缺少安全责任期金否决机制,经济激励威慑力不足。

(7) 矿长及经营班子薪酬办法需要完善问题。

没有发生死亡事故时安全生产奖应该与本质安全管理体系考核结果挂钩。